Think globally,
act locally!

自立へのキャリアデザイン
● 地域で働く人になりたいみなさんへ

第2版

旦まゆみ Mayumi Dan

ナカニシヤ出版

まえがき

　私が大学で本格的にキャリアデザインを教え始めて7年目になります。初めは，「キャリアデザインって何？　就職活動を1年生からするの？」とか，「大学の必修授業でやらなければいけないの？」と学生たちからも言われました。それでも，自分のことをふり返ったり，これからのことを考えたりする時間をとって授業を進めていくうちに，「この授業を受けて良かった！」「自分のことを見つめ直すきっかけになった」などと好意的な声を聞くことができるようになりました。

　一緒に授業を担当する教員同士で内容を修正しながら作り上げた授業内容に，社会に出る前に知っておいてほしいと考えたことを加えて，この『自立へのキャリアデザイン』を書きました。私たち教員が学生だった時には，授業としてのキャリアデザインはまだありませんでした。それでも，いろいろな先生や家族から教えてもらった「生き方」についてのアドバイスは，ティーネージャー後半の若い自分には，進路を考えたり，社会人になる前の準備として必要なものだったと思います。ただ，キャリアについての見方やそのデザインのしかたは，その時代や環境に左右されるので，これから社会に出ていくみなさんにとって大切なことを中心にまとめました。

　この本は，全体が4つの柱で構成されています。最初の柱である「Ⅰ　キャリアデザインへのアプローチ」では，「第1章　どんな学生生活を送るのか」として，キャリアデザインを考える目的を考え，「第2章　自分はどんな人？」では自分を見つめ直します。「第3章　なぜ働くのか」では，働く目的について多面的に考え，「第4章　ワーク・ライフ・バランス（Work Life Balance）」では，仕事と生活の調和について知る展開になっています。ワークシートを使って自分のことをふり返ったり，生活時間を書き出したりしてみてください。

　次の柱として「Ⅱ　働く社会について学ぼう」では，「第5章　雇用環境」として，産業や会社について学び，「第6章　働き方と働く場所」では，職業や働き方について考えます。続く「第7章　労働法の基礎知識」では，働く人が知っておかなくてはならない法律の知識を解説しています。「第8章　日本の雇用慣行」では，日本における長期雇用制度や会社のしくみについて勉強し，「第9章　福利厚生制度」では，働く人の社会保険や福利厚生制度などについて学びます。実際の社会では，働く現場がどのようになっているのか，という理解が進むように，制度の説明を中心にしました。

　3本目の柱である「Ⅲ　人生の選択肢」では，自分のシゴトを創りだす，という意味を込めて，「第11章　人生の展開」でキャリアをデザインすること，「第12章　職業の分野」として職種の紹介，そして「第13章　地域で働く」では地域創生と地域おこしについて考えるという構成になっています。

　ここでは，今までの長期雇用制度に守られた働き方に縛られない，今の時代に必要な新しい発想から，長い人生の中で，自分の周りの人や地域を大切にしながら仕事をしていくことを考えようと提案しています。これは，既に各地で若い人たちの働き方としても現れているものですが，本当に自分がやりがいをもって働くためにはどうしたらいいのかを模索しようということです。

　そして4本目の柱である「Ⅳ　なりたい自分に近づくために」では，まとめとして，「第14章　求められる能力とスキル」で，社会で必要な力を紹介し，「第15章　学生時代の過ごし方」では，異文化体験などアウェイの体験の重要性について学びます。そして最後は「第16章　とにかく

前進！ Think globally, act locally!」としました。社会に出る前の大切な時間をどのように過ごすのか，を考えながら，いろいろな場所で経験を積んで力をつけていってほしいと思います。

　この本は，大学のキャリア教育で使うテキストとして作りましたが，これからキャリアについて見直してみたいと考えている社会人の方でも，定年退職後のキャリアについて考えようと思っている方にも，何かしらのヒントを読み取っていただけるのではないかと思います。キャリア教育というと，職業に結びつけた教育と考えられがちですが，「仕事をともなった人生を考えること」ととらえれば，誰にとっても，立ち止まって考えることがあるはずです。

　また，これからの日本で大切になる，地域の特性を生かして仕事を創り出していくという，私たち一人ひとりが向き合っていかなければならない課題にチャレンジしていく人たちの参考になれば，望外の喜びです。人生 100 年時代を迎えて，長寿を誇る私たち日本人が自分と社会に向き合って，幸せで充実した人生を考えることができるようにと願っています。

2017 年 8 月

旦まゆみ

第2版に寄せて

　『自立へのキャリアデザイン』が2017年に出版されてから4年が過ぎました。その間には，日本だけでなく，世界中を一変させる新型コロナウィルスの蔓延が2019年の終わりから見られたのは記憶に新しいところです。このパンデミックによって，私たちの日常生活は大きな変容を余儀なくされ，働き方も大変革のただ中にあります。人と人が出会い，ともに生活や仕事をしていく在り方が，感染のリスクを避けるために，できるだけ接触しない形で，リモートでおこなわれるようになってきたのです。それは，キャリアデザインにも大きく影響を与えることは間違いありません。

　大都市から地方への人の動きは，今までは少数にとどまっていましたが，2020年にはうねりとなってデータにも表れてきました。2020年に東京23区の人口は全ての区で減少に転じたのです。これは人が密集しているところから，人口密度の低い地域へ移住して生活や働き方を見直そうということにほかなりません。コロナ禍で，多くの人が改めてキャリアデザインを考えるきっかけになったのではないでしょうか。これは，地域の魅力発見につながる動きとして，日本の今後にとって重要な転換点となることが期待されます。

　この改訂版では，主要なデータを更新すると共に，新しい分野として主に2つ加筆しました。1つは，働き方改革について第8章に，もう1つは金融の基礎的な知識を「第10章　金融リテラシー」として加えました。大学の授業などでこのテキストに触れたみなさんが，これからの社会をつくっていき，豊かな人生を歩んでいかれるきっかけとなれば幸いです。

2021年4月

旦まゆみ

目　　次

I　キャリアデザインへのアプローチ
〈自分の将来を考えてキャリアデザインを始めよう〉

IV　なりたい自分に近づくために
〈自分の強みを磨いていこう〉

I
キャリアデザインへのアプローチ
〈自分の将来を考えてキャリアデザインを始めよう〉

みなさんは大学を卒業した後の進路について，考えていますか？
ほとんどの卒業生は就職していきます。会社に入る人もいれば，
公務員になる人もいます。さらに勉強するために大学院に進学した
り，特別な資格や技能を身につけるために専門学校へ行く人もいる
でしょう。社会に出るまでにどのような知識や経験を得ていくかは，
在学中のみなさん一人ひとりの選択にかかっています。将来のキャ
リアをデザインするのは自分なのです。充実した人生を切り開いて
いくつもりで，今から少しずつ準備していきましょう。

大学入学から2年生までは，勉強や部活やサークル活動などを通
していろいろな人間関係を築き，知識や経験を積んでいく時期です。
その中で自分の将来の方向を見きわめて，どのような社会人になり
たいかを考えていきましょう。

第1章　どんな学生生活を送るのか

　自分の進路について考えることは，自分の生き方そのものを考えることです。卒業後の進路選択のためには，今どんな生活をするかが大きな意味をもっています。特に大学時代は，自分で，自分のために，まとまった時間を使うことができる貴重な時です。

　大学生活を漫然と過ごさないために，何をいつ，どうやるか，目標をもちましょう。長期目標に近づくために，短期の目標をいくつか立てて，見直しながら進めてみるといいでしょう。その時に，ぜひ目標の期限を設けてください。長期の目標を達成するために，短期の目標をもち，その具体的な期限を目指して，毎日少しずつでも進めていきましょう。もし期限までに達成できなかった時には，もう一度ふりかえって，なぜその期限までに目標が達成できなかったのか考えてください。そこで，その期限を延ばすのか，それともその目標はもう自分には合わないので違うことを目指すのか決めましょう。なんとなくいつも目標を考えても達成できないのは，期限を設定していないからかもしれませんし，立ち止まって振り返ってみることも大切です。

　「進路選択で役立った大学での経験」について，卒業生におこなった調査があります（労働政策研究・研修機構, 2007）。それによると，「経験の場」としての実習やゼミ，サークル活動，課外活動やアルバイトが挙げられています。そして，そこで得られた能力としては，「主体性，コミュニケーション力，リーダーシップや行動力など」が関連づけられています。また，大学での学習経験が，「課題探求力や論理的思考力，主体性」につながった，専門教育の「専門性」や「視野の広がり」も能力として得られたとしています。みなさんも，在学中に専門的な勉強のほかに，課外活動やいろいろな体験をしておくことをお勧めします。その経験の中から，自分の方向が見つかることもあるでしょうし，人生を決めるステキな出会いがあるかもしれません。

1　考えるために知識を学ぶ

　大学の4年間に支払う授業料は，私立大学の文系学部では400万円にも上ります。これは経済学では「人的資本投資」といって人間を資本と考えてお金を投資し，知識や経験という付加価値をつけることです。日本では，希望すれば誰でも大学に入れる「大学全入時代」などといわれ，大学進学率は5割を超えていますが，世界を見回せば，大学教育を受けることのできる人は少数です。お金と時間を使って大学生活を送るのですから，有効に時間を使わなくては損ですし，お金を払ってくれている保護者に対しても申し訳ないでしょう。卒業してから勉強したいと思っても，さらに時間とお金が必要になります。在学中に授業をたくさん履修して，学生であることを満喫してください。必要最低限の単位だけ取得する人も，興味ある授業をがんばってたくさん履修する人も同じ授業料を払っているのです。

　大学のカリキュラムは，みなさんが将来，社会人として生きていくのに必要な基礎学力を修得できるように設計されています。学生の本分である学業で知識や教養の修得に努めながら，いろいろな活動を通して社会人になる基礎づくりをしていこうと心がけましょう。

　授業を通して学ぶことはとても大切ですが，大学で学んだことを直接生かせない仕事に就くことも多いので，大学教育の重要性に気づかない人もいます。そうはいっても，一生懸命に勉

強することで，専門知識の修得のほかに，論理的な思考方法や幅広い見方などを身につけることができます。社会人として仕事をする時には，そのような思考力やものの見方が役立つことも多いのです。

2　人と出会う・行動する

　授業以外にも，留学，サークル活動やアルバイト，ボランティア活動などを通して，たくさんの人と出会い，協力して何かを成し遂げるのは貴重な経験になります。人間関係で悩んだりすることも成長の過程なので，友達，恋人，先輩や後輩など，いろいろな人との付き合いの中から学んでいくことも大切です。インターネット上のSNS（ソーシャル・ネットワーキング・サービス）で知り合いになることもできますが，時間や場所を共有して，感情と言葉を使って会話し，たいへんなことをいっしょに乗り越えたり，心の通うコミュニケーションを通して「リアルで豊かな人間関係を築く」ことによって，一生の友達ができるのです。また，同年代の人とだけでなく，年長者や年下の人とも，年齢に関係なく，幅広い交流を心がけることで新しい出会いや発見があるでしょう。

　自由に使える時間があるのと同時に，自由に使えるお金のためにアルバイトをする人も多いのが大学時代です。収入は多いほどよいので，時給の高い仕事をするか，長時間労働をすることになりますが，その分自由に使える時間は減ってしまいます。お金と時間のバランスを考えながら，自分で自分の生活を無理なくコントロールできるようにしてみましょう。睡眠時間を削ってアルバイトをしても，授業中に居眠りばかりしているようでは，何のために大学に通っているのかわからなくなってしまいます。

　どのような人になりたいかを考えて，「なりたい自分」に近づく努力をしてみてください。留学やボランティアなどにも積極的にチャレンジすることで，経験がみなさんの糧になるはずです。大学時代に自分が一生懸命やったことは自信につながります。

3　自分自身を振り返る

　ここで，今までの自分を振り返ってみましょう。ワークシート①（☞ p.5）に，自分が小さかった頃から小学校時代，中学，高校時代，大学入学以降，を思い出しながら，楽しかったこと，辛かったこと，どこで誰と過ごしたのか，その頃の夢や憧れの人は誰だったか，記入してみましょう。失敗したことなどから，どのように抜け出せたのか，についても考えて書き出してみてください。

　次に，ワークシート②（☞ p.6, 7）を使って，ライフラインチャートを描いてみましょう。これは，ワークシート①で書き出した自分の成長の過程で経験した出来事や，一緒に時間を共有した人を記録しておくものです。その時に，自分の気持ちは「充実していて，楽しかったか」または「つらくて，むなしかったか」によって，その程度を右側のプラスまたは左側のマイナスのところに入れていきます。思い出した出来事やイベントとともに，その時の自分の気持ち曲線を１つのラインで描いてみてください。それが今の自分につながってきます。

　ライフラインチャートには，何が気持ちのアップダウンのきっかけになったのか，その転換にはどんな人や出来事が関係していたのかを書いておきましょう。これは今までの自分を確認する作業として，これからの自分を考える土台になります。

　最後に，ライフラインチャートの一番下に〈書いてみて感じた「私」〉を記入しておきましょ

う。どんなことが楽しいと感じたり，得意だと思ったりするのか，どんな時に充実感を感じたり，辛かったりするのかという自分のまとめです。これを元に，次の第2章では，自分はどんな人なのか，自己紹介を考えていきます。

ワークシート① 〈これまでの自分史を作成してみよう〉

●これまでの自分を振り返って，覚えている出来事やその時の自分の思いを書き出してみましょう
●どんな時に自分は楽しかったのか，どんなことがあった時に自分はがんばれたのか，思い出してみてください

誕生～小学校時代	中学校時代	高校時代	大学入学以降
楽しかったこと，嬉しかったこと，夢中になっていたこと			
どこで，どんな人たちと一緒でしたか？			
辛く苦しかったこと，悲しかったこと，失敗したこと			
どうやってそこから抜け出せましたか？			
この頃の夢や憧れの人，なりたい自分は何でしたか			

Ⅰ　キャリアデザインへのアプローチ

Ⅱ　働く社会について学ぼう

Ⅲ　人生の選択肢

Ⅳ　なりたい自分に近づくために

ワークシート② 〈「これまでの自分」を振り返る〉

ライフラインチャートを描いてみよう

● これまでの人生を振り返り，印象に残っている出来事や経験を思い出すことで，あなたの得意や
楽しさを感じる状況を探ります

● ワークシート①で記入した出来事や思いを気持ち曲線と共に描いてみましょう！

【書き方の手順】

タイムマシンに乗ったつもりで，小さい頃から今までの自分を思い出します

● 「楽しかった！」「充実していた！」経験は＋（プラス）側，逆に「むなしかった！」
「つらかった！」経験は－（マイナス）側に「気持ち曲線」と「出来事」を描きましょう
横の位置（長さ）はその楽しさや，つらさの程度を表します

● 人から見てどうだったか，ではなく，その時の自分の感覚で記入しましょう

**出来事と気持ち曲線の山や谷を描く中で，思い出したことをどんどん書いて
いきましょう**

● かかわってくれた人，成功したこと，失敗したことなど，なんでもかまいません

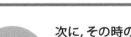

次に，その時の自分にインタビューしてみます

● 「その時，感じたこと，学んだことはどんなことだった？」「どうして，そんなふうに
がんばれたの？」を当時の自分に聞いてみて，思い出したこと，明らかになった
ことを色の違うペンで記入しましょう

書けたら，全体を眺めてみて，どんな自分がそこに表れているのかを考えます

● ワークシート下欄に「どんなときが楽しい私」「どんなことならがんばれる私」「こん
なことが得意な私」「こんなことは嫌いな私」を点線の枠の中に書いてみましょう

「これまでの自分」振り返りシート

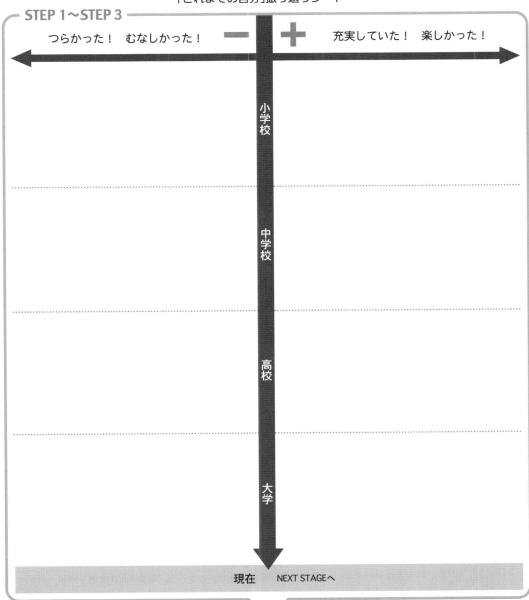

STEP 1～STEP 3

つらかった！　むなしかった！　－　＋　充実していた！　楽しかった！

小学校

中学校

高校

大学

現在　NEXT STAGEへ

STEP 4

書いてみて感じた「私」　どんなことが楽しい, 得意, どんなときに充実感を感じる, どんなときがつらい, など

Ⅰ　キャリアデザインへのアプローチ

Ⅱ　働く社会について学ぼう

Ⅲ　人生の選択肢

Ⅳ　なりたい自分に近づくために

第2章　自分はどんな人？

1　自己紹介

　みなさんは自分のことをどんな人だと思っていますか。自分のことは，知っているようでいて，実はよくわからないということもあります。自分を知るという意味から，自己紹介を考えてみましょう。自己紹介は，知らない人に自分のことを知ってもらうために自分の紹介をすることです。自分のことを理解していないと自己紹介はできませんし，自己紹介で相手によい印象をもってもらえれば，次にまた会った時に話がはずんだり，一緒に何かを始めることにつながることもあるでしょう。そのためには，相手にわかりやすく，覚えてもらえるような自己紹介にすることが大切です。

　ここでは，伝わりやすくなる表現方法について，長年，企業の採用活動に携わってきた廣瀬泰幸氏（2015）の「伝わりやすい構造」と「印象に残る表現」を紹介します。ここに説明されているプレップ（PREP）法というのは，論理的にわかりやすく伝えるための伝え方の構造で，Point, Reason, Example, Point の頭文字からきている「伝わりやすい構造」です。

●伝わりやすい構造

● Point	主張や結論の「要点」や「結論」を最初に述べます。すべてを述べるのではなく，端的に要点や結論だけ伝えることが重要です。
● Reason	最初に伝えたことの「理由」を述べます。理由を伝える上では論理性が重要です。特に「縦の論理」を意識して論理の飛躍がないようにすることが大切です。「縦の論理」とは，AならばBといった因果関係を表す論理のことをいいます。
● Example	具体的な数字や事実などのデータを挙げ，論理に説得力をもたせます。これまでやや抽象的であった内容に「具体性」を持たせ，説得力を高める役割を担っています。
● Point	最後に，最初に伝えた「要点」や「結論」を再び伝え，その内容を相手の頭に強く印象づけます。

●印象に残る表現方法

①数値法	文字通り，数字を使うことです。自分の所属するサークルの規模を説明するのに，単に「大きなサークル」と言っても規模感は伝わりませんが，「100人が所属するサークル」と言えば，相手にも正確に大きなサークルであることが伝わります。
②比較法	これは，比較することによって，初めて聞く人にも相対的に，どのくらいの位置にあるのかを伝える方法です。例えば，単に「新入部員を20人も獲得しました」と伝えるだけでは，それがすごいことなのか，初めて聞く人にはピンときません。「他のサークルが平均して10人しか獲得できなかったのですが，私のサークルでは20人を獲得できました」と説明すれば，「ああ，がんばったのだ」ということになります。
③比喩法	比喩表現を使うと，相手に強い印象を与えることができます。「1年生の時は，先輩に言われたことをしていました」と言ってもイメージがわきませんが，「1年生の時は，犬みたいに忠実に先輩に言われたことをしていました」と言えば，面白いし，イメージが鮮明に伝わります。
④引用法	よく知られている著名人や素晴らしいといわれている人の言葉を引用して話すことです。特に，自分の正当性を主張する時や，説得力をもたせたい時に有効です。「本田宗一郎さんが＊＊とおっしゃっていましたが……」などと，著名人や影響力のある人の言葉を加えると説得力が増します。

ほかにも，伝え方として，「クライマックス法」といわれるように，「これだけは覚えておいてほしいのですが」などの言葉から始めると，聞き手はその後に続く話に集中することができます。また，人が一度に記憶しやすい「３」を使い，「３つの理由があります。１つ目が……」と前置きしてから話を始めると，わかりやすく，相手が話に集中しやすくなります。

　自己紹介をする時に，自分の好きな食べ物や好きなことを列挙する人がいますが，いろいろ並べても，印象に残らないことも多いのです。自分がどのような人なのか，ということを知ってもらうためには，「パーソナル・ストーリー」として自分自身のエピソードを入れると，聞く人は感情移入することができて，印象に強く残ります。パーソナル・ストーリーとは，個人の体験を赤裸々に語ることで，相手の共感を引き出す技法です。人は，順調な成功物語を聞いても，本当かなと疑ってしまうことがありますが，辛いことや苦難を乗り越えて，自分のとらえ方が変わり，がんばることができるようになったなどと聞くと，受け取り方は大きく変わります。

２　自分のことを表現する

　自己紹介の時に何を言ったらいいのか，少し考えてみましょう。そのためには，自分のことを言葉で表現し，自分に向き合い，自分の特徴を知ることから始めます。自分が今まで大切にしてきたこと，好きなこと，がんばってきたこと，得意なこと，将来の夢，尊敬する人などを書き出してみてください。ワークシート③〈Who am I ?　20の私〉（☞ p.11, 12）を使って，自分を表現する言葉で20の文を書いてみましょう。その中で，自分を最もよく表現している文を５つ選んで，自己紹介をつくってみるのも１つの方法です。

　ワークシート③は，「私は……です」という文を20文，書いてみることによって，自分をよりよく表現する方法を見つけられるようにしています。思いつくままに，20の自分を表現する文を書いた後，〈20の私　記入後チェック項目〉に進んでください。自分が着目している点がわかります。記入後チェック項目①では，外面的な事実と内面についての文がそれぞれいくつずつあるかによって，自分が外面に着目しているのか，あるいは内面を中心に表現しているのかが明らかになります。

　次の記入後チェック項目②では，20の文のうち，自分の長所あるいは自分の短所について書いたものがいくつあるのかを数えます。どちらが多かったでしょうか。長所が多かった人，短所の方をたくさん書いた人，それぞれどこに注目しているかがわかります。

　多くの学生は，短所を書いた文の方が長所を表現した文よりも数が多いようです。それは，自分の短所について，家族から指摘されたり，自分で気づいたりしていることが多いためで，けっして欠点が多いからということではありません。長所については，自分で気づいていなかったり，あまり褒めてもらった経験がないので，思いつかなかったというだけのことかもしれません。

　記入後チェック項目③では，現実を表現した文と憧れや理想を表現した文がいくつあったかを数えます。自分が現実，あるいは夢や理想のどちらに注目しているのかがわかるでしょう。若い人は将来のことを考えたり，夢をもったりすることが大切なので，現実だけに着目せずに，自分の理想や夢をもっているといいでしょう。

　最後にまとめとして，記入後チェック項目④では，自分を５つの文で紹介するとしたら，どれが最も適切だと考えるかによって，20の文の中から５つの文を書き写します。強く思う順に並べてみましょう。これをもとに，自己紹介を作ることもできるので，参考にしてください。

　また，自分からみた自分だけでなく，他人からみた自分にも注目してみましょう。自分のこ

Ⅰ　キャリアデザインへのアプローチ

Ⅱ　働く社会について学ぼう

Ⅲ　人生の選択肢

Ⅳ　なりたい自分に近づくために

とをよく知っている人3人に，自分の長所と短所を聞いてみてください。できれば，ちがう場所で自分をみてくれている人を選んでみると，自分の異なる面を評価してくれているのがわかります。例えば，家族，友だち，先輩，アルバイト先の店長など，異なる場面で自分のことを理解してくれている人たちは，それぞれの場所でのあなたの人柄に触れているので，いろいろな長所や短所に気づいてくれているかもしれません。

　ワークシート④〈私の長所と短所〉（☞ p.13）は，3人にインタビューした自分の長所と短所を記入するのに使ってください。長所と短所を聞く時に，その理由やどのような場面で長所だと思うのかなど，なるべく詳しく聞いてみましょう。自分が気づかなかった長所を理解してくれていたことがわかったりして，嬉しくなるかもしれません。

③　他者紹介

　ワークシート⑤（☞ p.14）に自己紹介を作ってみましょう。20の文で表現したことからでもいいですし，3人に聞いた長所や短所を参考にしてもいいでしょう。PREP法で説明されている4つの項目を入れてみてください。自分が自己紹介に入れたいことを考えて，そのポイントを説明し，理由を述べて，その例えを書きます。最後にもう一度，自己紹介で述べたかったことをまとめます。

　次に，ワークシート⑥（☞ p.15）を使って，自己紹介を隣の人とし合います。まず，〈自分〉の欄にワークシート⑤で作った自己紹介を簡単に書き出します。自分の氏名，出身や所属，がんばっていること，その例えなどです。書き終えたら，隣の人とペアになり，交替で自己紹介をしてください。自分のペアの相手（バディ）の自己紹介を聞きながら，〈バディ〉の欄に記入します。バディの氏名，出身や所属，がんばっていること，その例えなどです。

　2人1組のペアでお互いの自己紹介をし合えたら，今度は隣のペアと他者紹介をしてみましょう。4人になり，最初に他者紹介するペアを決めます（このペアをペアAと呼びます）。ペアAのうち最初に他者紹介する人は，自分のバディのことを相手ペアに紹介します。この時，聞いている側のペアBは，2人とも他者紹介をワークシート⑥の〈相手ペア1〉と〈相手ペア2〉の欄に記入します。

　次に，同じペアAのもう1人が，相手ペアBに自分のバディの紹介をします。このように，自分でなく，他人を人に紹介することを「他者紹介」といいます。

　3番目に，ペアBの1人目が自分のバディの他者紹介をします。それを聞いてペアAの2人は，それを〈相手ペア1〉の欄にメモします。次に，相手ペアの2人目が自分のバディの他者紹介し，それをペアAは〈相手ペア2〉の欄にメモします。これで4人全員が他者紹介をしたことになります。

　このように，他者紹介をしてみると，自己紹介の中にどのような内容を入れると他者に理解されやすいのかがわかります。また，よく知っている自分のことでなく，初めて知った自分のバディのことを人に伝えることの難しさが理解できるようになります。伝える内容も重要ですが，伝え方，表現の方法にも気をつけて紹介することができるようになっていきます。

ワークシート③〈Who am I? 20の私〉

「私は……です」という文を20書いてみましょう

●出身地，家族，外面的な特徴，性格，長所，短所，好きなもの，がんばっていること，尊敬する人，将来の夢，理想，自分について知っていること，自分が思っている自分について書いてみてください

1. 私は，

2. 私は，

3. 私は，

4. 私は，

5. 私は，

6. 私は，

7. 私は，

8. 私は，

9. 私は，

10. 私は，

11. 私は，

12. 私は，

13. 私は，

14. 私は，

Ⅰ　キャリアデザインへのアプローチ

Ⅱ　働く社会について学ぼう

Ⅲ　人生の選択肢

Ⅳ　なりたい自分に近づくために

15. 私は,

....

16. 私は,

....

17. 私は,

....

18. 私は,

....

19. 私は,

....

20. 私は,

....

20の私　記入後チェック項目

自分が着目している点がわかります

①氏名や男女のような,「自分の外面的な事実」について書いた文はいくつあったか,自分の性格や考えていることなど,「自分の内面」について書いたことはいくつあったか,それぞれ数えて記入してください。合計は20になるはずです。

　　外面的な事実（　　　）個　　　自分の内面（　　　）個

②自分の長所について書いたものと,短所について書いたものは,いくつずつありますか?

　　長　所（　　　）個　　　短　所（　　　）個

③現実の自分を表現した文と,自分の憧れや理想を表現した文は,いくつずつありましたか?

　　現実を表現したもの（　　　）個　　　憧れや理想を表現したもの（　　　）個

④もし,自分を5つの文で紹介するとしたら,20の分の中でどれを選びますか?
　　強く思う順に並べてみてください。これは自己紹介で使うことができます。

1.（　　　　　　　　　　　　　　　　　　　　　　　　　　　　　　　　　　　　　）

2.（　　　　　　　　　　　　　　　　　　　　　　　　　　　　　　　　　　　　　）

3.（　　　　　　　　　　　　　　　　　　　　　　　　　　　　　　　　　　　　　）

4.（　　　　　　　　　　　　　　　　　　　　　　　　　　　　　　　　　　　　　）

5.（　　　　　　　　　　　　　　　　　　　　　　　　　　　　　　　　　　　　　）

ワークシート④〈私の長所と短所〉

自分の長所と短所について家族，友達，先生など身近な人3人に聞いて記入します
理由も聞いてみましょう

●聞いた人（　　　　　　　　　　　　　　　）

　私の長所：

　－－

　その理由：

　－－

　私の短所：

　－－

　その理由：

　－－

●聞いた人（　　　　　　　　　　　　　　　）

　私の長所：

　－－

　その理由：

　－－

　私の短所：

　－－

　その理由：

　－－

●聞いた人（　　　　　　　　　　　　　　　）

　私の長所：

　－－

　その理由：

　－－

　私の短所：

　－－

　その理由：

　－－

Ⅰ　キャリアデザインへのアプローチ

Ⅱ　働く社会について学ぼう

Ⅲ　人生の選択肢

Ⅳ　なりたい自分に近づくために

ワークシート⑤〈自己紹介〉

自己紹介を作ってみましょう

POINT

_____

_____

_____

REASON

_____

_____

_____

_____

EXAMPLE

_____

_____

_____

_____

POINT

_____

_____

_____

ワークシート⑥〈自己紹介と他者紹介〉

●〈自分〉の紹介欄に記入します
●2人一組になり，自己紹介をし合い，相手〈バディ〉の欄にメモします
●隣のペアに自分のバディの紹介をします
●4人が順番に他者紹介をして，下の表に記入します

〈自分〉

氏名	
出身／所属	
がんばっていること	
その他	

〈バディ〉

氏名	
出身／所属	
がんばっていること	
その他	

〈相手ペア1〉

氏名	
出身／所属	
がんばっていること	
その他	

〈相手ペア2〉

氏名	
出身／所属	
がんばっていること	
その他	

Ⅰ　キャリアデザインへのアプローチ

Ⅱ　働く社会について学ぼう

Ⅲ　人生の選択肢

Ⅳ　なりたい自分に近づくために

第3章　なぜ働くのか

「働く」の語源は「はたをラクにする」，つまり「周囲の人を楽にする＝誰かの役に立つ」ことだといわれています。誰かの役に立つために，商品やサービスを提供し，その対価であるお金を得て生活するのが「働く」ということです。

自立した社会人として働く目的は人によってさまざまです。生活費を稼いで経済的に自立することを目指す人，働くのは大人の義務だと思う人，自分が成長するために視野を広げ能力を高めるために働く人，社会に影響を与え社会貢献したいと考える人，働くことが楽しいと感じて自己表現する人。社会の中で自分の役割を見つけることが働くということなのです。

日本の憲法には，日本国民の三大義務として，①教育の義務，②勤労の義務，③納税の義務があります。勤労は義務でもありますが，権利として「すべて国民は，勤労の権利を有し，義務を負ふ」（憲法27条）となっています。つまり，働くことは，しなければならない義務であると同時に，誰でもすることができる権利でもあるのです。

1　働く目的

❖経済的欲求

働く目的として第一にあげられるのが，お金を稼ぐことです。一般の人の意識を調べる世論調査では，働く目的として最も多い回答が「お金を得るために働く」で，全体の53.2％を占めています（内閣府, 2016）。世代別では，18-29歳で65.8％，30-39歳で65.5％，40-49歳で68.3％となっていて，50-59歳が58.5％，60代以上は5割を切ります。

お金の次に目的として多いのは，「生きがいを見つけるために働く」が19.3％，「社会の一員として務めを果たすために働く」が14.4％，「自分の才能や努力を発揮するために働く」が8.4％です。経済的な目的のために働く人が圧倒的に多いということです。

それでは，一般にはどのくらいの収入が得られるのでしょうか。「民間給与実態統計調査」（国税庁, 2020）によると，民間企業で働く人が2019年に得た平均給与は436万円で，前年から1.0％減少しています。正規労働者（無期雇用）が503万円，派遣社員など非正規労働者（有期雇用）は175万円で，金額で2.8倍の差になっています。業種別に給与をみると，一番高いのが「電気・ガス・熱供給・水道業」で824万円，二番目が「金融・保険業」の627万円です。最も給与の低い業種は「宿泊業・飲食サービス業」の260万円です。業種による差が大きいことがわかります。

日経「働き方改革を巡る意識調査」（日本経済新聞社・日経リサーチ, 2017）では，正社員の4割が期待する改革に「賃金引上げ」を挙げています。それに対して，上場企業の75％が今後の賃金体系で「個人の成果」「個人の能力・スキル」「個人の職務」を重視すると回答しています。つまり，今まで主流だった年功序列型から個人に力を発揮してもらい，結果で評価するという方法へ変化する方向にあるといえます。

❖最低賃金と同一労働同一賃金

雇用形態を問わずアルバイトにも適用される最低賃金は，2020年には全国加重平均で902円となりました。一番高いのは東京の1,013円，一番低いのは秋田，鳥取，島根，高知，佐賀，大

分，沖縄の7県の792円です。「ニッポン一億総活躍プラン」では，最低賃金を毎年3％程度引き上げる方針がうちだされ，全国平均で最低賃金1,000円という中期目標が掲げられています。これは，期間の定めのない正社員のような無期雇用と，期間が決まって雇われている派遣社員やパート社員など有期雇用労働者の待遇差を是正するためのものと考えられています。

　無期雇用と有期雇用労働者の給与の格差が問題となっているわけですが，現在，35-44歳の独身女性で雇用されて働く労働者のうち，41％がパートや派遣など有期雇用労働者として働いています。この世代は，就職氷河期といって，特に採用環境が厳しかった1993年から2005年ごろに社会に出て，希望しても正社員に採用されるのが難しかった世代です。有期雇用では充分な教育訓練を受けられなかったため，キャリアを積めずに，独身女性の7割近くが年収250万円以下となっていることが問題になっています。

　また，政府の進めている「働き方改革実行計画」においては，同一労働同一賃金の法改正の方向性が示されています。同じ仕事をしている人は同じ賃金をもらえるようにすべきであるという「同一労働同一賃金」の実現は，無期雇用労働者と2000万人に及ぶ有期雇用労働者の間の賃金格差を縮小しようという狙いがあります。

　次に，失業率をみてみましょう。失業とは，働ける状態で，仕事を求めている人が職に就けない状態のことを指し，失業率とは労働力人口に占める失業者の割合です。失業者とは，働ける状態で仕事を求めている人のことで，ハローワークへ出向き，働きたいけれども仕事がない，ということを申し出ることになります。

　日本の失業率は，国際的にみると非常に低く，1980年代から1990年代にかけて2％台，2001年に5％を超えましたが，その後2010年代には4％台から低下し，2017年には2％台に入りました。2020年の完全失業率は11年ぶりの増加となり，全体で2.8％，15-24歳は0.8％，25-34歳は0.7％となっています（総務省統計局，2021）。

　国外に目を向けてみましょう。ILO（国際労働機関）によると，世界の15-24歳の若年労働者の失業率は2019年に13.6％ですが，北米やサハラ以南アフリカの9％未満から北アフリカの約30％まで地域によるばらつきが大きくなっています。積極的な職探しをしていないか，すぐに働けなくても職探しをしている人を含む若者潜在労働力は4,100万人近くになり，就業者の13％に当たる約5,500万人が極度の貧困状態にあるとされています[1]。そのため，先進国への移民が増え，ヨーロッパやアメリカで軋轢を生む要因となっています。多くの若者が働いていても低収入というワーキングプアになり，一日1ドル90セント（約190円）未満の所得で暮ら

POINT 1：同一（価値）労働同一賃金とは？

　同じ仕事をしている人は同じ賃金を受け取る，という公平性を基準とする考え方で，無期雇用の正社員でも有期雇用の派遣社員でも，同じ業務内容に従事している場合には，同じ給料にすることです。これは，男女間の賃金水準が異なる性差別禁止の場合と，無期雇用か有期雇用かという雇用形態の違いを理由とする賃金の違いを問題とする場合の2つに分けられます。つまり，均等待遇の面では，同一労働なのに賃金が違う場合に，その前提となる勤続年数やキャリアコースの違いに合理性が認められるか，ということを問題にします。そして，その前提の違いに見合ったバランスのとれた待遇かどうか（例えば職務内容が違う場合に基本給の相違が職務内容の違いに見合ったものか）が問われるということです。

　一方，ILO（International Labour Organization：国際労働機関）では，「同一労働同一賃金」は，司書や看護師など女性の多い仕事の賃金が安く，消防士や警察官など男性が多い仕事は高い賃金」といった性別役割分業による賃金格差を正せないため，「同一価値労働同一賃金」として，違う仕事でも価値が同じなら同じ賃金とするという原則が考え出されました。①知識・技能，②精神的・肉体的負荷，③責任，④労働環境の厳しさ，の4要素で職務が評価されるようになっています。

す「極度の貧困」と報告されています。

❖生　活　費

　生活費として1カ月，いくらくらいあったら生活できるか知っていますか？　一人暮らしをしている人は，自分で家計簿をつけたりして，お金のやりくりをしているでしょう。家族といっしょに暮している人は，光熱費や食費などがどのくらいかかるのか，調べてみましょう。その1カ月にかかる生活費を自分で稼いで経済的に自立していくことになるわけですから，給料をいくらもらえるかは，職場を選ぶ時に重要なポイントです。ワークシート⑦（☞ p.21）に1カ月の生活費を書き出してみてください。

　一般に，正社員の方が，アルバイトや派遣社員などの非正社員よりも高い給料をもらっています。ただ，若い時には，アルバイトでも生活費を稼げるので，卒業後に就職しなくてもアルバイトで経済的に自立できると考える人もいるでしょう。日本では，選ばなければ仕事に就くことはできるので，収入がなくなることはないかもしれません。それでは，ワークシート⑧（☞ p.22）を使って，アルバイトで経済的に自立できるのか計算してみましょう。税金や社会保険料を払うと，生活費として使えるお金は収入の4分の3ほどになります。しかもアルバイトの給料は，ほとんど上がらないので，旅行に行ったり，子どもを育てたりすることは難しくなるかもしれません。そのため，少しずつでも給料が上がる見込みのある正社員の方が経済的に安定していると考える人が多いのです。

❖社会に貢献したい

　お金を稼ぐ以外の働く目的を考えてみると，自分自身を成長させたい，いろいろな人に出会いたい，興味のあることに打ち込みたいなどいろいろあるでしょう。その中で，最近は社会に貢献したいという人が増えています。特に，2011年3月の東日本大震災後，私たちの生き方，働き方，企業の見方など，価値観が大きく変わってきました。中小企業経営論の研究者として，さまざまな企業を見てきた立場から，坂本光司（2014）は，その変化を「モノから心・感動」「自利から利他」「競争から共生」「単独から協働・連携」「戦略から目的」「株主から社員」「強者から弱者」そして「経済性から社会性」といった方向，と述べています。

　そして，業績がほとんどブレない「いい企業」として，共通していることは「人本経営」「年輪経営」「バランス経営」「非価格経営」「ネットワーク経営」「市場創造経営」「正しいリーダーシップ経営」「大家族的経営」「情報武装経営」「社会貢献経営」そして「感動経営」の11項目をあげています。今までの製造業をはじめとする大半の業種・業態にとって「物の価値を高める経営」が企業業績には効果的といわれていましたが，時代は変わり，「心の感動を生む経営」を時代が求めているというわけです。

　働く人たちも，人の役に立つことの価値を再認識しています。

② 希望と幸福のために

　アメリカの心理学者アブラハム・H・マズローは，「欲求5段階説」として，人間の欲求を「生理的欲求（Physiological needs）」「安全欲求（Safety needs）」「社会的（愛と所属の）欲求（Social needs/Love and belonging）」「承認欲求（Esteem）」「自己実現欲求（Self-

---

1）ILO（2020）『世界の雇用情勢－若者編2020年版』

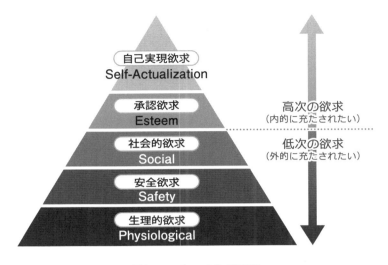

図3-1　マズローの欲求段階説

actualization）」と５段階のピラミッド構造のようであると考えました。

　図3-1 に示されているように，第１段階の生理的欲求は，食事，睡眠などで，第２段階の安全欲求は，経済的な安定，健康，暮らしの水準など人間が生きる上で基本的な欲求です。これらが満たされると，第３段階の社会的欲求では，自分が社会に必要とされている，社会的役割があるという意識が現れます。次の第４段階の承認欲求は，自分が集団から価値ある存在であると認められ，尊重されることを求めるものです。第５段階の自己実現欲求は，存在欲求（Being-needs）とも呼ばれ，自分の可能性を最大限発揮したいというものです。

　働く目的を，この５段階に当てはめて考えてみると，経済的に暮らしが安定すると，自分が社会の中で役割をもっていること，さらに，価値のある存在であると認められること，そして自己実現として自分の可能性を最大限発揮するという展開になります。つまり，働く人がいきいきと誇りを持って仕事に取り組み，人生を豊かにするということが重要になるのです。

　それでは，ここで**ワークシート⑨**（☞ p.23, 24）を使って，働く目的について自分はどのように考えているのかを書き出してみましょう。項目ごとに，自分がどのくらい強く考えているのか，○をつけてみてください。「1. お金を稼ぎたい」「2. 自分自身を成長させたい」「3. いろいろな人に出会いたい」「4. 社会に貢献したい」「5. 興味のあることに打ち込みたい」の５つの項目があります。それぞれについて，どの程度強く思いますか。プラスの方が強く思っている場合，マイナスの方が弱く思っている場合です。

　また，なぜそう思うのか，その理由を書いてください。書き出してみると，自分が何を目的に働きたいのかが少し見えてくるでしょう。

3　生涯現役社会

　日本人の平均寿命は，2019 年に男性が 81.41 歳，女性が 87.45 歳となり，ともに過去最高を更新しています。最初に調査がおこなわれた 1891 年から 1898 年の時点では，平均寿命は，男性が 42.8 歳，女性が 44.3 歳となっていて，その後，第二次世界大戦の後は伸び続け，約２倍になっています。その背景には，経済成長によって，豊かな食生活や医療の恩恵を受けることが可能になったことが挙げられます。もちろん長寿は喜ばしいことですが，医療や介護の費用が増えてしまうのは現役世代にとっては災難です。

　そこで，清家篤（1998）は，「生涯現役」という考え方を打ち出し，日本の高齢者の就業意欲が国際的に見てずばぬけて高いことから，元気で長生きして働き続けることができる社会を目指すことを提唱しています。現在，日本では，決まった年齢で退職することを求める定年制度があり，65歳で定年退職になる職場が大半です。年功的な賃金体系のもとでは，若い時には貢献よりも低い報酬で働き，中高年になると貢献よりも高い賃金を得るように設計されています。これは，長期雇用が前提となっているため，従業員に一生懸命働いてもらい，高いポジションに就くという勤労意欲や競争意識を高める効果をもっています。その一方，いつまでも増加する賃金を払い続けていると，いつかは赤字になってしまうため，企業への貢献度と賃金報酬のバランスを合わせるために定年という清算点を設けているわけです。これを経済学的に説明したのは，エドワード・ラジアー（Lazear, 1979）です。

　また，年功的な処遇制度のもとでは，年長者は順番に，管理職になっていくという人事管理手法によって，年齢とともに後進に道を譲ることが必要になってきます。この手法では，能力開発が専門性を磨くというよりも，その企業で管理職になるための能力を高めることになるので，管理職にならなかった場合や，他の会社に転職した場合には，あまり役に立たない能力になることもあるのです。さらに，高い給料をもらっていても貢献度の低い中高年の従業員がリストラの対象になるわけです。

　定年退職を年齢による差別として禁止している国もあります。アメリカでは，年齢による差別を禁止しているため，定年退職ということはありません。それでも年金制度がないわけではなくて，仕事を引退して年金をもらう生活をした方がよいという判断は自分ですることになります。企業年金なども，ある年齢で受け取り始めた方が有利になるように設計されているため，その年齢に近づいたら，自分の健康状態と相談して引退することを決める人が多いのです（Dan Negishi, 2006）。

　人によって，健康の度合いも異なりますし，働き続けたいかを自分で決められることは，自分の職業人生を自分で決められるという決定権をもつため，自律したキャリアを選択することになるといえるでしょう。そのような自律したキャリアを切り拓くためには，私たちは，今までの給与システムを変えていく必要があります。年功序列型の給与体系から，その人の働きに見合った報酬にすれば，年齢や勤続年数に関係なく給料が払われるので，効率的ですし，いくつになっても辞める必要はないのです。ただ，貢献度を公平に評価するシステムがなければなりませんし，給料が下がった時に働く意欲を維持できるかが課題になります。

　生涯現役で働き続けるためには，定年制度を廃止して，引退する年齢を自由に選択できるようにすることが必要ですが，自営業の場合には，これがすでに実現できています。商店では，高齢になったら働く時間を短くして，若い人に託すことも可能ですし，小説家は自分で書く量を調節するでしょう。IT技術者なら，専門能力を要する業務を請け負ったり，自分の都合のよい時間や期間だけ働くこともできるため，高齢者だけでなく，介護や子育てなどの時間が必要な人も自営業では，ワーク・ライフ・バランスを図りながら働くことができます。

　日本は世界に先駆けて，一番の長寿社会なので，高齢化社会における働き方の見本を示していくことができるかもしれません。そのためには，今までの雇用制度を見直すとともに，税制や年金制度も，働き続けやすいように変革していくことが求められます。

ワークシート⑦〈1ヵ月の生活費〉

1ヵ月に必要な生活費はどのくらいかかるのか，一人暮らしで最低必要な生活費を考えてみましょう

支出項目	金額	備考
・住居費		
・光熱費（水道・ガス・電気）		
・通信費		
・食費		
・交通費		
・教養・娯楽費		
・書籍・学習費		
・被服費		
・交際費		
・その他		
合計		

● 実際いくらかかるかは，その人のライフスタイルやお金の使い方により大きく変わります

● アパートを借りている場合には，住居費が一番多くなりますが，住居費は1ヵ月の収入の4分の1に抑えるようにするとバランスがいいと言われます

Ⅰ　キャリアデザインへのアプローチ
Ⅱ　働く社会について学ぼう
Ⅲ　人生の選択肢
Ⅳ　なりたい自分に近づくために

ワークシート⑧〈アルバイトで経済的に自立できるのか〉

アルバイトで経済的に自立することは可能なのか考えてみましょう

● 月あたりのアルバイト代を計算してみましょう

> アルバイトの時給を記入し，1日7時間働くと考えてみると，
> 1日の給料は，いくらになりますか？　1週間5日働くと週給いくらですか？
> それを4週間働くとすると，1ヵ月の給料は，いくらになりますか？

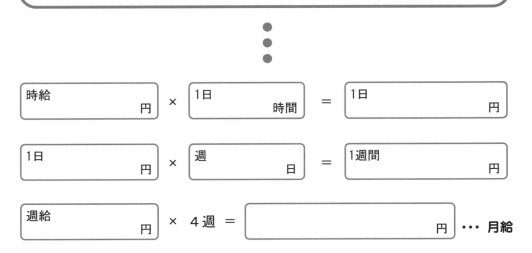

| 時給　　　　円 | × | 1日　　　時間 | = | 1日　　　円 |

| 1日　　　円 | × | 週　　　日 | = | 1週間　　　円 |

| 週給　　　円 | × 4週 = | 　　　円 | ・・・ **月給** |

● 合計約25％の社会保険料（健康保険・国民年金）と税金がかかると考えます

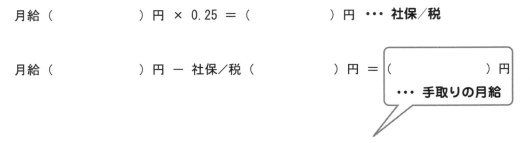

月給（　　　　）円 × 0.25 ＝（　　　　）円 ・・・ **社保／税**

月給（　　　　）円 － 社保／税（　　　　）円 ＝（　　　　）円

・・・ **手取りの月給**

● ここから生活費を出すことになりますが，年収は30代になっても上がりません

● ワーキング・プアとは，このようにアルバイトなど非正規労働で生計をたてようとしても就労による収入で，いつまでも厳しい収支になってしまう働き方のことです

ワークシート⑨〈働く目的は何?〉

自分が働く理由について，どのくらい強く感じているか書いてみましょう

●そう思う程度を最低から最高の間で○をつけてみてください

●なぜそう思っているのか，理由も書き出してみましょう

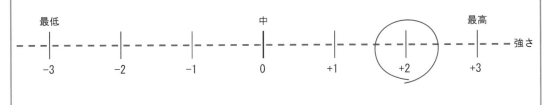

〈例〉　お金を稼ぎたい:どのくらい強くそう思っているのか

1. お金を稼ぎたい

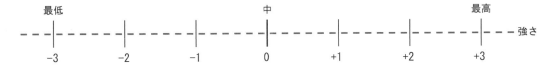

◎なぜお金を稼ぎたいと思っているのでしょうか?

理由:

2. 自分自身を成長させたい

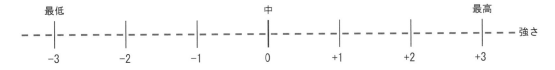

◎なぜ自分自身を成長させたいと思っているのでしょうか?

理由:

I　キャリアデザインへのアプローチ

II　働く社会について学ぼう

III　人生の選択肢

IV　なりたい自分に近づくために

3. いろいろな人に出会いたい

◎なぜいろいろな人に出会いたいと思っているのでしょうか？

理由：

....

4. 社会に貢献したい

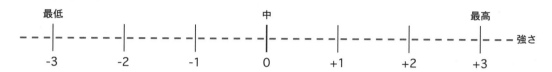

◎なぜ社会に貢献したいと思っているのでしょうか？

理由：

....

5. 興味のあることに打ち込みたい

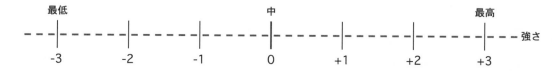

◎興味のあることとは何ですか？

....

◎なぜそれに打ち込みたいと思っているのでしょうか？

理由：

....

第4章　ワーク・ライフ・バランス（Work Life Balance）

1　仕事と生活の調和

　「ワーク・ライフ・バランス」という言葉を聞いたことはありますか。これは，仕事（ワーク）と生活（ライフ）のバランスをとるということです。仕事ばかりの毎日を過ごしていると，心身ともに疲れて体調をくずしたりしますから，自分のプライベートの時間も大切にして，規則正しく生活するように心がけることが大切です。

　日本では一般的に，1日の労働時間は8時間，週休2日なので1週間40時間労働が標準とされています。これを超えると超過勤務といって「残業」することになるわけです。みなさんは学生なので，勉強がワークですから，授業のほかに，宿題や課題など授業外の勉強とアルバイトや家業の手伝いなどを合わせた時間をワークの時間と考えるとよいでしょう。1日単位でバランスがとれなくても，1週間を通してワーク・ライフ・バランスがとれるように，ときどき生活を見直してみてください。

　現代の社会では，長時間労働が蔓延していて，プライベートの生活を犠牲にして仕事を中心に毎日を過ごす人が少なくありません。仕事を覚えたり，新しい事業を始めたりする時には，集中して仕事をする場合もありますが，健康を損なうような長時間労働を続けると，過労で病気になったりすることにもなりかねません。自分の健康は自分で守るために，疲れすぎないように自分で調整できるようにしていく必要があります。そのためにもときどき，自分のワーク・ライフ・バランスを見直していきましょう。

　ワークシート⑩（☞ p.31, 32）を使って，1日の生活時間を書き出してみましょう。起きた時間，食事，通学，授業，友達と過ごした時間，アルバイトや家の手伝いなど，線や斜線で分けて書いてみてください。30分単位くらいで時間と内容を記入します。生活時間の円グラフが記入できたら，その下のワークの時間とライフの時間を計算してみましょう。ワークは，授業時間，課題や宿題の時間，アルバイトも含めて働いた時間を合計してみます。24時間からワークの時間を引き算するとライフの時間になります。

　平日と休日のワークの時間を合計し，1週間のワーク時間合計を出します。労働時間は，現在週40時間が標準の上限となっていますので，これを超えると超過勤務になることを覚えておきましょう。

　次に，休日のワークとライフの時間を書き出してみましょう。平日と同様に，休日の生活時間を円グラフに書き入れてください。ワークの時間としては，家の手伝い，アルバイト，課題や宿題の時間を入れます。ワーク時間の合計が求められたら，24時間からワーク時間の合計を引いて，ライフ時間を算出します。これで，平日と休日のワーク時間とライフ時間の合計がそれぞれ計算できます。

　ここまでできたら，1週間のワーク時間合計を計算してみましょう。標準の労働時間である週40時間と比べて，1週間のワーク時間が多いか，少ないかに注目してください。このようにして，ときどき自分の生活時間をふり返ってみて，バランスが取れているか見直す機会にしてみましょう。

　また社会人になると，ワーク・ライフ・バランスは，仕事とプライベートまたは家庭生活との調和という意味でとらえられることも多くなります。特に，子育てをしながら働き続ける場

合には，子どもを保育園などに預けて働いていると，お迎えの時間に間に合うように残業せず，仕事を切り上げなければなりません。効率的に仕事をしながら，家庭生活も大切にするためにも，夫婦ともにうまく時間を使うことが大切になります。

2 子育て支援制度

　現在，雇用の現場では長時間労働を見直し，男性も女性も仕事と生活を両立させることができるような働き方改革が推進されています。その背景には，長時間働くことが前提となっている職場では，今まで主に女性が子育てのために離職し，本人のキャリアが中断されてしまうだけでなく，優秀な人材を失ってしまうという雇用の問題があります。そのため，残業の抑制や自宅で業務をおこなう在宅勤務制度などが導入される職場も増えています。

　また，図4-1のとおり，両立支援制度としては，子どもが1歳に達するまでの間，育児休業（育休）を取得することができ，保育所に入所できないなどの理由があれば，1歳6ヶ月まで育休の延長が可能になります。また，父親も育休を取得すると，休業できる期間が1年2ヶ月に延びる「パパ・ママ育休プラス」制度もできて，現在1割にも達しない男性の育休取得を進めています。

　育児休業中の所得保障は，雇用保険で育児休業給付金が設けられていて，6カ月間は休業前の67％，7ヵ月目以降は50％の休業給付金を受け取ることができます。また，休業中の社会保険料の負担は本人も事業主も免除され，出産や子育てが経済的に支援されています。

　さらに，3歳未満の子を養育する労働者については，短時間勤務制度の導入が事業主の義務となっていること，労働者からの請求があれば，所定外労働をさせてはいけないなど，子育てをする者の職場の環境も重視されています。図4-1にも示されているように，小学校就学前の子の病気やけがの看護，健康診断受診などの「看護休暇」も子ども一人に年間5日，二人以上は10日と制度化されています。

　このように，子育てをする男女が仕事を辞めずに働き続けるための環境は整ってきましたが，実際には，第一子出産の時に仕事を辞める女性は約7割に上ります。また，妊娠した女性に対して離職を促すマタニティ・ハラスメントがおこなわれたり，育児休業を取得した人に対する不利益な取り扱いがあることも報道されています。

　育児支援制度は，所得の面と時間の面で整備されてきていますが，実際の運用面で課題があると言えるでしょう。出産後も仕事を続けたいと考えている女性は65.1％いるにもかかわらず（厚生労働省, 2016），長時間働くことが評価の対象になっている職場が多いため，子育てと仕事の両立が難しいのです。出産後，復職しても長時間働けないため，責任のある仕事を任せてもらえないことから，優秀な人ほど先をみて辞めてしまいます。

　「男は仕事，女は家庭」という性別役割分業の意識が家庭の中だけでなく，職場においても根強いため，女性が働き続けにくい雇用制度になっているといえるでしょう。これは，雇用制度だけでなく，社会保障制度や税制などにも暗黙のうちに反映されているため，社会制度全体からみていかないと，なかなか改革するのは難しいと考えられます。それでも，自分らしく働き続けていこうとする女性たちも出てきていますし，働き続けやすい環境は女性だけでなく，男性にもメリットがあるものといえます。

　また，雇われて働く人たちだけでなく，自営業や起業家の中には，仕事と家庭を両立させながら長年やりくりしてきた人たちがいます。

　女性の起業希望者および新規開業者数をみると，すでに1982年から下降傾向が明らかな中で，農村女性の起業に特化した調査では，1997年の4,040件から2010年には9,757件と2.4倍とな

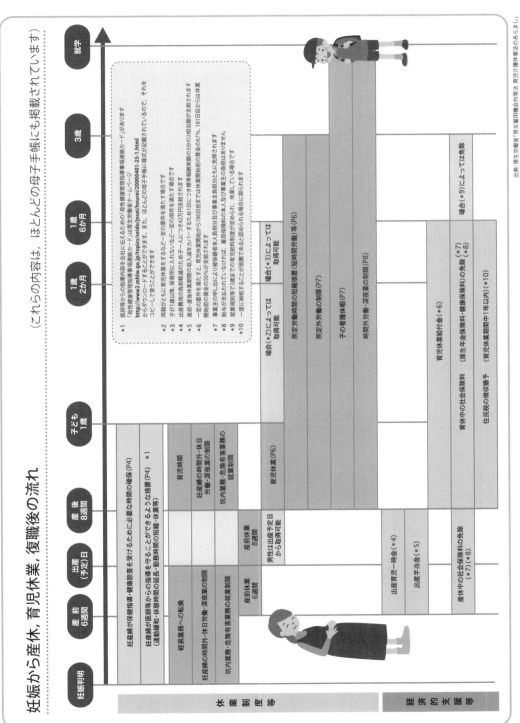

図 4-1　妊娠から出産、育児休業、復職の流れ

出典：厚生労働省「男女雇用機会均等法 育児介護休業法のあらまし」

Ⅰ　キャリアデザインへのアプローチ

Ⅱ　働く社会について学ぼう

Ⅲ　人生の選択肢

Ⅳ　なりたい自分に近づくために

っています。農村では，女性たちが家庭と事業経営を両立させながら，大家族の支えもあって，着実にワーク・ライフ・バランスをはかっています（岡部・旦，2013）。

農家という家業の中で，家庭での役割もこなしながら，女性たちは加工品の生産を始めたり，農家レストランや宿泊，体験型ツーリズムなど，さまざまなアイディアを実現しながら新しい事業展開をしているのです。また，その事業目的の多くが利益を追求するというよりも，むしろ社会的な意味を見出していて，お客とのつながりや，コミュニティの中での役割を重視している，社会的企業であるケースが多いのも特徴になっています。

もともと商店など自営業では，子育てをしながら仕事をするのが当たり前の日常の中で，家事と子育てに加えて家業も担ってきた女性たちは，究極のワーク・ライフ・バランスをはかってきたといえるでしょう。

POINT 2：長い目で見たキャリアデザインを考える

全国大学生活協同組合連合会による「2014 年大学生の意識調査」[1] によると，結婚を含む将来のキャリア展望としては，68.5％の学生が「仕事に就き，結婚したらパートナーと家事・育児を分担しながら一生働く」（分担・両立志向）という生き方を希望しています。男女差でみると男子学生（72.3％）の方が，女子学生（63.7％）よりも分担・両立志向である割合が高くなっています。

また「結婚したら，家事や子育てを主にした生活を送る」という家庭志向の生き方を希望している割合が，男子学生は 2.6％，女子学生は 17.5％，全体では 9.2％となっていて，1 割を切っています。しかし，2 割弱の女子学生は家庭志向です。この背景には，性別役割分業意識が影響しているのかもしれません。つまり，「男性は外で働き，女性は家で家事・育児をする方がよい」という考え方への賛否とキャリア展望との関係です。

将来のキャリア展望について，性別役割分業意識との関連を男女別にみると，女子学生では性別役割分業意識に「賛成」している人のうち 43.3％，「反対」している人では 11.6％が家庭志向を希望しています。女子学生は，ジェンダー意識によって，将来のキャリア展望に大きな違いが生じていると考えられます。

女性の場合には，特に結婚，出産，育児という私生活の変化を仕事とのバランスの上でどのように工夫していくかが，仕事と生活を調和させる「ワーク・ライフ・バランス」という面での満足度にかかわっています。

現在の雇用状況をみると，育児などでいったん退職した女性が再就職する場合に，かつての経験や希望が活かせるような機会を見つけるのは難しいことが多いのが現実です。初めから結婚や出産で退職すると決めないで，長く働き続けることも選択肢の 1 つとして考えましょう。家庭との両立などを含めて，自分自身がどういう働き方をしたいのかといったキャリアプランをたて，それが実現できるような道を選んでいくことが大切です。その時には，パートナーの男性がどのように女性の働き方をとらえるかが，仕事をしている女性と家庭を築いていく時にとても重要な役割をもちます。

1）全国大学生活協同組合連合会によって 2014 年 11 月〜12 月に実施された全国の国公立および私立大学の学部生を対象にしたスマートフォン利用を前提としたウェブ調査。3,583 回答（回答率 32.6％）。男子学生 56.1％，女子学生 43.9％。

◆ポジティブ・アクション（Positive Action）

　固定的な性別による役割分担意識や過去の経緯から，男女労働者の間に事実上生じている差がある時，それを解消しようとする自主的かつ積極的な取組みのことをポジティブ・アクションと言います。これは，単に女性だからという理由だけで女性を「優遇」するためのものではありません。これまでの慣行や，固定的な性別役割分担意識などが原因で女性が男性よりも能力を発揮しにくい環境におかれてきた状況を「改善」するための取組みです。

　例えば，女性が少ない職場における女性の採用拡大のために，女性の採用人数の目標を設定したり，女性管理職の増加のために，モデルとなる女性の育成をおこなったり，先輩がアドバイス役となるメンター制度を導入するなどが挙げられます。

　「女性の職業生活における活躍の推進に関する法律（女性活躍推進法）」が2016年4月に全面施行され，企業が雇用している女性労働者に対する女性の活躍推進の取組みについて，以下のように規定されています。

ポジティブ・アクションのシンボルマーク「きらら」（出典：https://www.mhlw.go.jp/positive-action.sengen/symbolmark.html）

●常時雇用する労働者数が301人以上の企業（300人以下の企業は努力義務）

・自社の女性の活躍に関する状況を把握し，課題を分析すること
・状況把握，課題分析を踏まえた行動計画を策定，社内周知，公表すること
・都道府県労働局に届出すること
・女性の活躍に関する情報を公表すること（年に1度データを更新すること）

●女性の活躍・両立支援　総合サイト〈https://positive-ryouritsu.mhlw.go.jp/index.html〉

この中に「女性の活躍推進企業データベース」と「両立支援ひろば」があります。

●女性の活躍推進企業データベース〈https://positive-ryouritsu.mhlw.go.jp/positivedb/〉

女性活躍推進法で義務づけられている情報を収集できます。2021年7月末現在，14,669社の登録があり，行動計画公表企業は18,944社に上ります。
企業担当者は自社の業界内・地域内での位置づけを確認でき，求職者や学生の方に自社の取組みを訴求できるようになっています。
学生や求職者は，気になる会社の「働き方」の情報や，「えるぼし」など認定企業の情報を見ることができます。13項目があり，全て公表している企業には「全データ公表」のマークが付いています。

•「えるぼし」「プラチナえるぼし」認定

女性の職業生活における活躍の状況に関する実績基準には，①採用，②継続就業，③労働時間等の働き方，④管理職比率，⑤多様なキャリアコースがあり，毎年「女性の活躍推進企業データベース」に公表することが求められています。
〈えるぼし認定〉　厚生労働大臣から，女性の活躍を推進している企業として認定を受け，基準を満たす項目数に応じてホシの数が増えます。
〈プラチナえるぼし認定〉　2020年6月から女性の活躍推進に関する取組み状況が特に優良な企業を認定しています。

•「くるみん」「プラチナくるみん」認定

次世代育成支援対策推進法に基づき，子育てサポート企業として従業員の仕事と子育てに関
する取組みをおこない，育児休業取得者がいるなど一定の基準を満たした企業を認定しています。
〈くるみん認定〉　厚生労働大臣から「子育てサポート企業」として認定を受けた企業が「くるみん」
マークを使います。これまで認定を受けた回数のホシが付いています。
〈プラチナくるみん認定〉　くるみん認定を取得している企業のうち，両立支援の取組みが進んでいる。企業が一定の要件を満たして認定を受けます。

えるぼし・プラチナえるぼしのマーク

くるみん（左）とプラチナくるみん（右）のマーク（出典：http://www.mhlw.go.jp/stf/seisakunitsuite/bunya/kodomo/shokuba_kosodate/kurumin/）

I　キャリアデザインへのアプローチ

II　働く社会について学ぼう

III　人生の選択肢

IV　なりたい自分に近づくために

このほかにも，一定の基準を満たした企業には以下のような国の認定がおこなわれています。

〈均等・両立推進企業表彰〉　厚生労働省が「職場における女性の能力発揮を促進するための積極的な取組み」および「仕事と育児・介護の両立支援のための取組み」について，模範となる企業を表彰しています。

〈イクメン企業アワード〉　厚生労働省が男性の育児と仕事の両立を積極的に促進する企業を表彰するものです。

〈なでしこ銘柄〉　経済産業省が東京証券取引所と共同で，2021年度より女性活躍推進に優れた上場企業を選定しています。

〈ダイバーシティ経営企業100選／新・ダイバーシティ経営企業100選〉　経済産業省では，多様な人材の能力を生かし，価値創造につなげている企業を表彰しており，今後広がりが期待される分野として重点テーマを設定した「新・ダイバーシティ経営消えよぐ100選」を実施しています。

〈100選プライム〉　経済産業省では，中長期に企業価値を生み出し続ける経営上の取組みを「ダイバーシティ2.0」と位置づけ，企業が「ダイバーシティ2.0」を実践するにあたり取るべきアクションを整理した行動ガイドラインをもとに，2017年度より全社的かつ継続的にダイバーシティ経営に取り組んでいる企業を選定しています。

〈女性が輝く先進企業表彰〉　女性が活躍できる職場環境の整備を推進するため，役員・管理職への女性の登用に関する方針，取組み，実績，情報開示において顕著な功績があった企業を表彰しています。きわめて顕著な功績が認められる企業には「内閣総理大臣表彰」，特に顕著な功績のある企業には「内閣府特命大臣(男女共同参画)表彰」があります。

●両立支援のひろば 〈https://ryouritsu.mhlw.go.jp/〉

次世代育成支援対策推進法で義務づけられている企業の両立支援や一般事業主行動計画の取組み内容を検索でき，Q&A集では，ハラスメント防止についてなども載っています。

◎法律と制度の整備

●男女雇用機会均等法（1986年）

①性別を理由とする差別の禁止，②間接差別の禁止，③特例として女性の優遇が認められる，④妊娠・出産を理由として不利益な取り扱いを禁止，⑤セクシャル・ハラスメント対策が必要，⑥妊娠中・出産後の健康管理に関する措置を講じること，⑦ポジティブ・アクションの取組を国が援助する，⑧紛争が生じた場合は解決のため援助・調停が受けられる，⑨法律違反がある場合は指導等がおこなわれる，⑩派遣先にも男女雇用機会均等法が適用される

●育児休業法（1992年）

①労働者は，子が1歳，一定の場合には1歳6カ月に達するまでの間，育児休業をすることができる，②事業主は3歳未満の子を養育する労働者について短時間勤務制度を設ける，③3歳未満の子を養育する労働者の所定外労働の制限，④子の看護休暇，⑤法定時間外労働の制限，⑥深夜業の制限，⑦その他の両立支援措置（努力義務），⑧転勤に対する配慮，⑨不利益取り扱いの禁止

●介護休業法（1995年）

①労働者は対象家族1人につき要介護状態に至るごとに1回，通算して93日まで介護休業することができる，②介護のための短時間勤務制度等の措置，③1人年に5日まで，2人以上であれば年に10日まで1日単位で介護休暇を取得できる，④法定時間外労働の制限，⑤深夜業の制限，⑥転勤に対する配慮，⑦不利益取り扱いの禁止

●育児・介護休業法（2010年改正）

①子育て中の働き方の見直し，②父親も子育てができる働き方の実現，③仕事と介護の両立支援，④実効性の確保

●女性活躍推進法（2016年）
※従業員301人以上の民間企業，国の各府省，地方公共団体など（300人以下は努力義務）

①採用者に占める女性比率，②平均勤続年数の男女差，③労働時間の状況，④管理職に占める女性比率，の4項目については，事業主が状況を把握し，課題を分析して女性活躍を進めるための行動計画を策定・届け出る，情報の公表をおこなう

●改正女性活躍推進法（2020年）

①と②の区分ごとに1つ以上の項目を選択し，数値目標を定めた行動計画の策定届を届け出る
①女性労働者に対する職業生活に関する機会の提供，②職業生活との両立に資する雇用環境の整備，
2020年4月からは，常時雇用する労働者数301人以上の会社，2022年4月からは，101以上の会社に拡大される

ワークシート⑩〈私の生活時間グラフ〉

自分の一日を振り返って，どのように時間を過ごしたのか，記入してみましょう

(1) グラフは一日を24時間に分けてあります

- 起きた時間，食事，通学，授業，アルバイト，友達と過ごした時間などを線で分けて書いてみましょう
- 30分単位くらいでだいたいの時間と内容を記入します

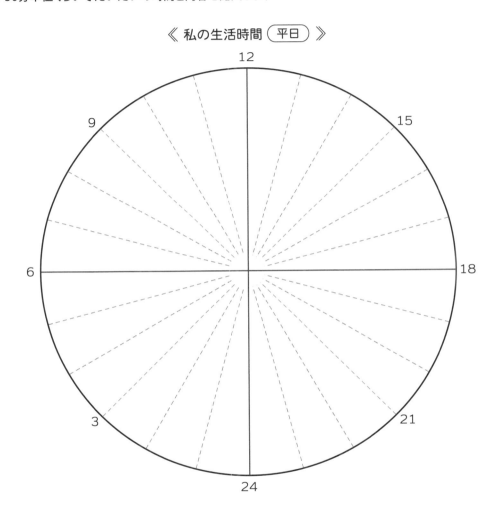

≪ 私の生活時間 （平日） ≫

(2) 授業とアルバイトなどワークの時間，それ以外のライフの時間を計算してみましょう

授業合計 [　　　] 時間　＋　課題・アルバイト [　　　] 時間　＝　ワーク [　　　] 時間

24時間　−　ワーク [　　　] 時間　＝　自分のライフ [　　　] 時間

Ⅰ　キャリアデザインへのアプローチ

Ⅱ　働く社会について学ぼう

Ⅲ　人生の選択肢

Ⅳ　なりたい自分に近づくために

(3) 休日についても生活時間を記入し，家の手伝いやアルバイトなどワークの時間，
それ以外のライフの時間を計算してみましょう

家の手伝い・アルバイト（　　　　）時間　＋　課題（　　　　）時間　＝　ワーク　[　　　　]　時間

24時間　−　ワーク（　　　　）時間　＝　自分のライフ　[　　　　]　時間

≪ 私の生活時間 休日 ≫

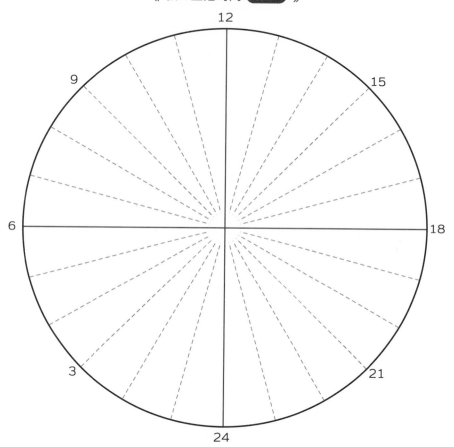

(4) 一週間のワークとライフのバランスでみてみましょう

平日のワークの時間 ……… 1日（　　　　）×（　　　　）日 ＝ 合計　[　　　　]　時間（ア）

休日のワークの時間 ……… 1日（　　　　）×（　　　　）日 ＝ 合計　[　　　　]　時間（イ）

（ア）[　　　　]　＋（イ）[　　　　]　＝　[　　　　]　時間 … 1週間のワーク合計

● 1週間のワーク時間の目安を40時間として自分の生活を見直してみることができます

● 時々自分の生活を振り返ってみましょう

II

働く社会について学ぼう

〈社会を知ることから自分のキャリアを考える〉

　卒業後の進路について考える前に，まず社会の現状を知っておくことから始めましょう。みなさんが今まで生活してきたのは，ごく限られた範囲で，家庭や学校，地域を中心としたものでしょう。成長とともに，行動範囲は広くなりますが，みなさんがまだ知らない社会の側面もたくさんあります。

　大学の授業だけでなく，本や映像などを通して知識を身につけることは視野を広げることになりますし，新聞を読むことによって社会で起こっている変化について知ることは，みなさんが進路を考えるきっかけを与えてくれます。新聞は社会への窓といわれます。ぜひ新聞を読む習慣をつけていきましょう。

第5章　雇用環境

ここでは，社会の中で働く場として，最も大きい割合を占める会社とその背景にある経済について学びます。

1 社会の大きな流れ

❖日本の経済発展と生活の変化

日本は第二次世界大戦後，焼け野原からの復興を経て，1960年代から1980年代にかけてめざましい経済発展を遂げ，アメリカに次ぐ経済大国となりました。国民総生産GNPは60年で1000倍以上へと急成長し，テレビ，洗濯機，冷蔵庫の三種の神器が普及するとともに，生活は豊かになっていきました。高度経済成長にともなって乗用車，クーラー，カラーテレビの3Cなどのモノが普及すると，次にサービスが求められる時代になり，雑誌の発行部数が伸び，飲食産業やコンビニエンスストアが成長し，海外旅行が一般的なものとなっていきました。さらにインフォメーション・テクノロジー（IT）の発達によって，パソコン，インターネットや携帯電話が普及し，私たちの生活は豊かで便利なものとなっています。

経済成長の過程で，第一次産業である農業・漁業・鉱業・エネルギー産業などの素材産業から第二次産業の石油化学・鉄鋼・電機・自動車などの加工型産業が日本の産業の中心となり，製造業が日本の原動力となっていきました。1980年代からはサービス化と情報化の進展によって，第三次産業の情報通信・流通・出版・放送・マスコミ・小売・教育・医療などが拡大しています。

2020年には新型コロナの影響により国内外の人の動きが制限され，外出自粛により外食・交

POINT 3：新聞は社会への窓

新聞は，就職活動にはもちろん，時事問題を理解するのに役立つ情報が満載です。新聞を毎日読み続けることで世の中の動きにも敏感になれます。新聞紙面を広げてみると，パノラマのようにいろいろな記事が並んでいますが，大きな記事はその新聞社が大きくとりあげたいと考えている重要な出来事です。

最初は見出しを読むことから始め，興味をもった記事を読んでいきます。記事を切り取ったり，コピーしたりして，ファイルに入れておくと，自分が何に興味を持っているのかを理解することができます。面白いと思ったことやもっと知りたいと感じたことを本などで調べていくのも勉強です。

POINT 4：経済成長率の見方

経済成長率をみる時には，国内で生産されたモノやサービスの総額を表す国内総生産（GDP：Gross Domestic Product）でみるのが一般的です。また「名目」の数字ではなく，物価の変動や性能向上分を調整した「実質」GDPを使うことで実態に即した比較ができます。GDPは金額で表され，2020年は529兆円ですが，前年に比べてどの位増えたのか（減ったのか）を見るために前年比4.8%減のように表します（図5-1参照）。

さらに，GDPの数値を人口で割った「一人当たりGDP」はその国の豊かさの指標となっています（図5-2参照）。2010年に中国のGDP規模は，日本を追い抜いて，アメリカに次ぐ世界第二位に躍進しましたが，一人当たりGDPで見ると2019年に69位で，ドルベースで世界25位の日本の約4分の1の水準です。

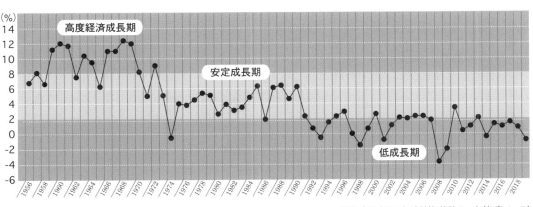

資料：内閣府国民経済計算 統計データ（年度ベース）
https://www.esri.cao.go.jp/jp/sna/data/data_list/kakuhou/files/2019/2019_kaku_top.html（最終確認日：2021年3月30日）

図 5-1　実質 GDP 成長率（%）の推移

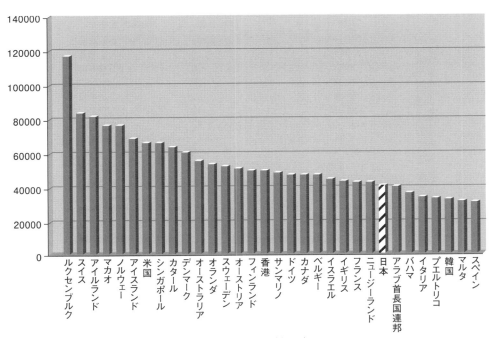

資料：IMF統計に基づく名目ベースの人口1人当たりGDP（米ドル）
出所：GLOBAL NOTE 国際比較統計
http://www.globalnote.jp/post-1339.html（最終確認日：2021年3月30日）

図 5-2　1 人あたり GDP の世界ランキング 2019 年

通・レジャーを中心に大きなダメージを受け，情報化の時代を反映して 8 年連続して拡大してきた広告の分野でも，総広告費は 6 兆 1,594 億円と前年比 88.8% となっています[1]。マスコミ 4 媒体と呼ばれる新聞，雑誌，ラジオ，テレビでは，前年比 86.4% と減少しているのに対して，新しい媒体としてのインターネット広告は，2 兆 2,290 億円となり，媒体構成の約 36% を占めるまでに急速に伸びています。広告は企業の宣伝費として景気によって左右され，業績が良い企業は広告を増やす傾向にあると共に，コロナ禍でのネット通販広告費の伸びが顕著となっています。

1）電通「2020 年 日本の広告費」〈https://www.dentsu.co.jp/news/release/2021/0225-010340.html（最終閲覧日：2021 年 8 月 16 日）〉

2 日本経済と上場会社

❖上場会社の経済力

　上場会社とは，その会社が発行している株式が証券取引所に登録されて売買されている会社のことです。上場するには，資本金，利益，時価総額などの上場基準に合致しなければできないので，上場会社は一定の信用がある会社ということになります。上場会社の株式は毎日取引されますが，株価の変動などのリスクから投資家を保護するために，上場会社は会社情報を常に公開（ディスクロージャー）することになっています。また，上場会社の内部情報を使って不正に利益を得ることをインサイダー取引といい，証券取引法違反として摘発の対象になります。

　会社が上場するメリットとしては，（1）株式に対する信頼が高まる，（2）会社の社会的評価が高まる，（3）株式を市場で売却（時価で換金）しやすくなる，（4）増資，起債，借入などの資金調達がやりやすくなる，などが挙げられます。

表 5-1　東京証券取引所の規模（2020 年 12 月 30 日現在）

業種		上場会社数	時価総額（百万円）
市場第一部		2,186	666,862,093
製造業	水産・農林業	8	613,285
	鉱業	6	1,032,611
	建設業	100	14,584,452
	食料品	83	23,035,352
	繊維製品	40	2,993,243
	パルプ・紙	12	1,590,585
	化学	147	49,092,106
	医薬品	38	41,253,883
	石油・石炭製品	9	2,174,105
	ゴム製品	11	3,465,085
	ガラス・土石製品	33	5,034,441
	鉄鋼	31	4,080,781
	非鉄金属	24	4,299,299
	金属製品	42	3,900,108
	機械	141	34,502,024
	電気機器	158	104,708,649
	輸送用機器	59	54,040,758
	精密機器	33	16,017,930
	その他製品	53	16,152,418
非製造業	電気・ガス業	22	7,794,207
	陸運業	43	21,843,693
	海運業	8	1,112,394
	空運業	3	1,955,422
	倉庫・運輸関連業	24	1,282,742
	情報・通信業	232	74,889,142
	卸売業	180	28,097,785
	小売業	202	41,420,879
	銀行業	82	26,911,742
	証券、商品先物取引業	23	4,272,552
	保険業	8	11,075,979
	その他金融業	26	7,997,650
	不動産業	72	12,502,686
	サービス業	233	43,134,088
市場第二部		475	6,844,831
マザーズ		346	9,497,117
JASDAQスタンダード・グロース・TPM		745	10,485,714
合　計		3,752	693,689,759

資料：東京証券取引所（2020年12月30日現在）

> **POINT 5：株式時価総額とは？　時価総額＝株価×株数**
>
> 　一般に，会社の規模を表すには，資本金，従業員数や売上高などが使われますが，時価総額はその時点の会社の株式価値を表すものとして評価の尺度になっています。時価総額は，会社，産業，株式市場ごとに計算することによって，その時点での規模を表すことになります（表 5-1 参照）。例えば，トヨタ自動車の時価総額，自動車産業の時価総額，東京証券取引所の時価総額というように，他社との比較，産業間の比較，国際比較などに使われます。

　日本の上場会社は約 3,700 社に上り，全法人約 255 万社のごく一握りにすぎませんが，その売上高は全体の 4 分の 1，利益は 3 割に達し，日本経済における影響力が大きな存在です。アメリカは巨大企業が多い経済になっていますが，日本は資本金 1 億円未満の中小企業が全体の98％を占めています。

　会社の規模を比較する時には，いろいろな尺度が使われます。日本では，資本金や従業員数などが一般に使われますが，海外では従業員数のほかに，時価総額で企業規模を比較します。

3　業種とは：産業の種類

社会の中にはいろいろな産業があり，産業の種類のことを業種といいます。業種の分け方に

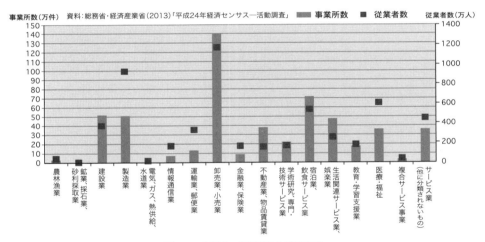

図 5-3　産業別：事業所数と従業者数

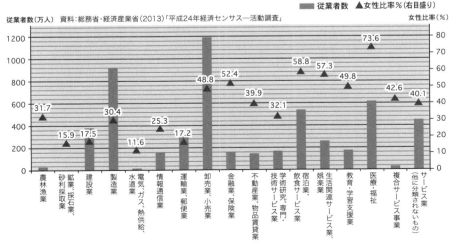

図 5-4　産業別：従業者数と女性比率

はいろいろな分類方法がありますが，大きく分けると製造業（メーカー）と非製造業（サービス業）の２つに分けられます。

図5-3で業種ごとに会社の数である「事業所数」と働いている人の数である「従業者数」を見ると，どの業種に事業所が多いのか，またどの産業で多くの人が働いているかが読み取れます。また，図5-4で従業者のうちの女性比率をみると，女性が多く働いているのが，医療・福祉，宿泊・飲食，金融・保険などのサービス業だということがわかります。

業種とは別に，業界というくくり方もあります。業界とは，いくつかの業種が集まったものとして，例えば，食品業界には，食品メーカーに加えて，食品の貿易や流通に携わる商社や食品卸会社，食品を販売するお店，スーパーマーケットやコンビニエンスストアなどの小売業が含まれます。

4 メーカー（製造業）とサービス（非製造）業

❖メーカーとは

企業が販売するモノを作るのが「製造業」または「メーカー」といいます（図5-5参照）。大きく分けると，鉄鋼・石油化学・繊維・ガラスなどの「素材メーカー」，金属製品・精密機器・ゴム製品などの「中間財メーカー」，電気・情報機器・自動車・食品・化粧品・医薬品・医療・住宅などの「消費財メーカー」の３つに分けられます。

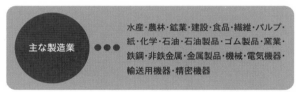

水産・農林・鉱業・建設・食品・繊維・パルプ・紙・化学・石油・石油製品・ゴム製品・窯業・鉄鋼・非鉄金属・金属製品・機械・電気機器・輸送用機器・精密機器

（東証上場企業分類による）

図5-5　主な製造業

製造業では，2020年12月末現在，最大の産業は電気機器産業で，東証一部の時価総額ベースで１割を超える規模，自動車（輸送用機器）は２位になっています。高度成長期以来，電気機器と自動車産業は，日本の二大製造業です。

❖サービス業とは

メーカーがモノを売るのに対して，何かお客様に提供するコトを買ってもらうのが「サービス業（非製造業）」です（図5-6参照）。広い意味で「製造業でない産業」としての非製造業には，通信，運輸，卸売，小売，金融，不動産，教育やマスコミなどが入ります。例えば，銀行，証券，保険などは金融部門ですが，金融サービス業とも呼ばれています。狭い意味でとらえる場合のサービス業は，観光・娯楽，情報処理，調査・専門サービス，医療・保健などを指します。

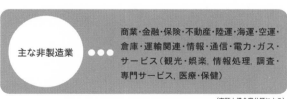

商業・金融・保険・不動産・陸運・海運・空運・倉庫・運輸関連・情報・通信・電力・ガス・サービス（観光・娯楽，情報処理，調査・専門サービス，医療・保健）

（東証上場企業分類による）

図5-6　主な非製造業

非製造業で時価総額の大きい産業は，2020年12月末現在，情報通信業と小売業です。

企業が新たに雇用する採用数の変化にも産業構造の変化が表れていて，2000年代に入ってからは製造業よりもサービス業の採用数が多くなっています。

5 株式会社のしくみ

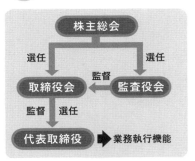

図 5-7　株式会社の構造

株式会社とは，株主の出資によって活動の元手となるお金（資本金）を集めて設立した会社のことです（図 5-7 参照）。日本の会社制度では，株式会社のほかに，規模の小さな合名会社と合資会社，（新規設立はできない）有限会社，2006 年から新しくできた合同会社，保険会社などにみられる相互会社などの形態があります。

●株主総会

株主総会では，株式会社の出資者である株主が集まり，経営方針を話し合います。最低年 1 回開催され，主に，次のような議事が討議されます。
(1) 会社設立時に作成する目的などを書いた「定款」の変更，会社の解散，合併，営業譲渡
(2) 経営責任者である取締役・監査役の選任・解任，役員報酬
(3) 会社の決算書の承認と株主に対する利益配当の決定

●取締役会

取締役会とは，株主総会で選任された取締役の会議で，そこでは，
(1) 経営の最終責任を負う代表取締役の選任・解任
(2) 部長など管理職などの選任・解任
(3) 会社が新しく発行する新株・会社の債権である社債の発行
(4) 不動産や業務部門など重要な財産の処分および譲渡　などについて話し合われます。

●監査役会

監査役会とは，会社の業務や財務をチェックして，法律やルールに基づいて適正に行われているかを監督する役割を担っています。

●株主権

株式に投資すると，株主としての権利として次の株主権が付与されます。
(1) 会社が得た利益の分配を受ける権利（利益配当請求権）
(2) 株主総会に出席して議決に加わり，会社の経営に参加する権利（議決権）
(3) 会社の解散時に残った財産の分配を受ける権利（残余財産分配権）
(4) 会社の帳簿書類を閲覧する権利（書類閲覧権）……………3％以上の所有に対して
(5) 会社の発行する新株を引き受ける権利（新株引受権）
株式投資をする目的には，安い時に買って高くなった時に売って得る売買益（キャピタル・ゲイン）だけでなく，配当収入（インカム・ゲイン）を目的に株式を保有する，また，会社の買収のために株式を買い集めることもあります。

※企業系列と企業グループ

①企業系列

企業系列は大きな産業会社を頂点に，子会社や孫会社などがつながり，生産や流通で協力体制を形成しています。図 5-8 に示されているように，親会社は子会社や孫会社に対して，資金提供，人的交流，技術支援，共同開発，取引継続などで支援していて，子会社は品質の確保と向上，納品価格の切下げ，納期・数量の厳守などで服従するタテの関係ができています。自動車の生産や電気製品の流通などで系列は強みを発揮し，1970 年代

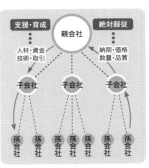

図 5-8　垂直の親子系列

I　キャリアデザインへのアプローチ

II　働く社会について学ぼう

III　人生の選択肢

IV　なりたい自分に近づくために

のオイルショックを早く乗り切ったことで海外でも Keiretsu として知られています。

②企業グループ

タテの系列に対して，ヨコの結合が企業グループと呼ばれる企業集団です。金融機関と商社を中核とする大企業グループでは，機械，鉄鋼，化学，石油，食品，建設，不動産，運輸などあらゆる産業の会社がお互いに協力する関係を築いています（図5-9参照）。企業グループの中に主要業種をそろえた「ワンセット主義」ともいわれます。

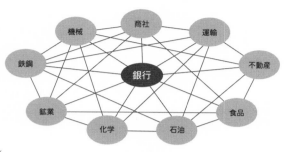

図5-9　企業グループのネットワーク

ヒト・モノ・カネ・情報などあらゆる局面で相互支援し，金融支援や融資，株式の相互持合い，役員の相互派遣，社長会，各級レベルの相互研修会，情報交換，イメージアップ戦略などをおこなっています。

企業グループの中の中核となっている銀行は「メインバンク」といわれ，会社に対する融資高が大きく，業績悪化のときには役員を派遣して業務改善をおこなうなどの支援もしています。

1980年代まで続いた国際経済摩擦では，系列や企業グループが非関税障壁といわれ，日米構造協議や日米包括経済協議などの議題に上り，経済制裁の対象になった時期もありました。しかし，バブブ崩壊後の1990年代には，系列を超えた企業連携が増加し，海外からの参入と共にベンチャー企業などの新規参入にも門戸が開かれるようになっています。さらに，新興企業がグループ企業をつくり，事業の多角化を進めることもあります。

6　コーポレート・ガバナンス（Corporate Governance）の取組み

コーポレート・ガバナンスは企業統治と訳され，「企業は誰のものか，誰のために存在するのか」という問題意識から企業コントロールを考える概念です。企業には，出資者である株主のほかに，経営の責任を負っている経営者，そこで働く従業員，取引先，商品を買ってくれる顧客，まわりの地域住民など，数多くの利害関係者（ステークホルダー）がいますが，それぞれの利益にバランスよく配慮して経営する必要があります。経営者が経営判断を誤ったり，違法行為に手を染めたり，反倫理的言動を行うと，企業の信用を傷つけるだけでなく，企業の存立そのものが危うくなる場合もあります。

法律や内部管理基準を遵守するのはもちろんのこと，取引基準，労働環境，社会貢献などの面で社会的責任を果たしているかということは，現代の企業にとって重要な問題となっています。その背景には，表5-2に示されているように，数多くの経営者の不正や偽装事件が社内の内部告発などによって明るみに出たことがあります。

企業のチェック機能を改善するために，統治機構の改革も行われています。取締役会の改革としては，（1）執行役員制度を導入して，執行役員に日常業務の責任を負ってもらうことで取締役は経営の戦略的意思決定に専念する体制を整える，（2）社外の人に取締役に就任してもらうことによって社内チェック体制を強化する，（3）取締役会の中に指名委員会，報酬委員会，監査委員会を設ける委員会設置会社に移行することによって，それぞれの機能を強化する，などが進められています。

表 5-2　2000 年以降の主な企業の不正事件

2000年	●雪印乳業の食中毒　●三菱自動車のリコール隠し
2001年	●米エネルギー販売大手エンロンの不正会計
2002年	●雪印食品の牛肉偽装　●米長距離通信大手ワールドコムの不正会計 ●日本食品、日本ハムの牛肉偽装 ●東京電力、東北電力、中部電力の原発トラブル隠し
2004年	●西武鉄道の有価証券虚偽記載
2005年	●明治安田生命の保険金不払い　●耐震強度偽装マンションの販売
2006年	●ライブドアの証券取引法違反　●村上ファンドのインサイダー取引 ●パロマ湯沸かし器の不正改造
2007年	●NOVAの不正経理　●不二家の期限切れ原材料使用 ●ミートホープ食肉偽装　●石屋製菓の「白い恋人」賞味期限改ざん
2008年	●新日鉄データ捏造　●グッドウィルの二重派遣幇助
2009年	●介護事業者ヒートの助成金詐取　●三菱自動車のリコール放置
2010年	●鹿島建設の鉄骨補正隠ぺい
2011年	●オリンパスの不正会計処理　●大王製紙会長の不正流用
2013年	●阪急阪神ホテルズの食材偽装　●JR北海道のレール異常放置 ●カネボウ化粧品の白斑症状
2015年	●東洋ゴムの試験データ偽装　●東芝の不適切会計 ●タカタのエアバッグ不具合　●旭建材の不正作業
2016年	●三菱自動車のカタログ燃費の詐称・不正計測発覚後の再測定における燃費詐称　●スズキの燃費詐称
2017年	●リニア中央新幹線建設工事でゼネコン4社談合 ●神戸製鋼所の品質検査データ改ざん
2018年	●スルガ銀行の不正融資　●スバルのデータ書き換え ●はれのひの粉飾、詐欺
2019年	●かんぽ生命保険の不適切販売
2020年	●日立金属の検査データで品質不正　●関西電力の金品受領

❖企業の社会的責任（Corporate Social Responsibility：CSR）

　不正を防止するだけでなく，企業が法的，内部管理的基準を順守し，社会的な責任を果たしているかどうかを基準とする評価尺度として，CSR がクローズアップされてきています。法律を守るという法令遵守（Compliance）のほかに，取引基準，労働環境，社会貢献などについて，どのような姿勢で取り組んでいるのかを公表することによって，企業の社会的責任が明確化されています。

　また，社会的責任を果たしている企業を選び出して投資対象とすることによって，CSR を後押しする投資家行動を社会的責任投資（Social Responsibility Investment：SRI）といい，拡がりをみせています。ヨーロッパやアメリカでは，特に企業を評価する尺度として指数を公表している団体もあり，それを参考に資産運用をしている個人や団体もあります。

　さらに，「ESG（Environment, Social, Governance）投資」と呼び，ビジネスが環境や人権などの社会問題の解決に貢献しているかどうかで投資先を決める方法も広がっています。投資する企業の評価基準に売上や利益といった財務情報だけでなく，環境，社会，企業統治に関する指標を採り入れることによって，社会貢献に前向きな企業に投資していくことを目的にしていま

2）機関投資家とは，金融機関，保険会社や年金基金など大口の資金を株式や債券などで運用する法人で，その資金量は 2016 年 3 月末の株式保有比率で約 3 割を占めています（日本取引所グループ, 2016）。

す。社会の問題解決に積極的な企業は成長率も高いという調査もあり，企業の競争力を高めることにもつながっています。国連では，責任投資原則（Principles of Responsible Investment：PRI）を制定し，ESG 投資を促進するために世界中で 1700 以上の機関投資家[2] が署名しています。

CSR の評価項目には，作成している組織により，さまざまなものがあります。ここでは，東洋経済新報社が採用しているものを紹介します。4 つの領域で CSR 評価をしています。

(1) 雇　　　用：女性社員比率，女性管理職比率，障がい者雇用率，残業率，介護休暇取得者など 24 項目
(2) 環　　　境：環境担当部署・役員，環境会計，環境監査，ISO14001，グリーン購入体制など 21 項目
(3) 企業統治：CSR 担当部署・役員，内部告発窓口設置，プライバシー・ポリシー，倫理行動規定・マニュアルなど
(4) 社　会　性：消費者対応部署，社会貢献担当部署，社会貢献活動支出額，NPO・NGO との連携，ISO9000S，地域社会参加活動，教育・学術支援活動，文化・芸術・スポーツ活動，国際交流活動，ボランティア休暇など 19 項目

さらに，財務評価として次の 3 つがあり，総合的にランキングが決定されています。

(1) 収　益　性：ROE（Return On Equity 自己資本利益率），ROA（Return On Assets 総資産利益率）など 5 項目
(2) 安　全　性：総資産回転率，株主持分比率，利益剰余金など 6 項目
(3) 規　　　模：売上高，当期利益，総資産，有利子負債など 5 項目

❖国際的な取組み

国際的にも，企業行動が及ぼす影響については関心が高まり，OECD（Organisation for Economic Co-operation and Development：経済協力開発機構）は，企業に対して期待される責任ある行動を自主的にとるよう勧告するために「OECD 多国籍企業行動指針（OECD Guidelines for Multinational Enterprises Recommendations for Responsible Business Conduct in a Global Context)」を策定しています。法的な拘束力はないものの，一般方針，情報開示，人権，雇用および労使関係，環境，贈賄・贈賄要求・金品の強要の防止，消費者利益，科学および技術，競争，納税等，幅広い分野における責任ある企業行動に関する原則と基準を定めています。

さらに，国連では，持続可能な開発目標（Sustainable Development Goals：SDGs）を世界共通の課題として 2030 年までに取り組むこととしています。その中では，地球および繁栄のための行動計画として，17 の目標と 169 のターゲットが掲げられています。目標の中では，貧困，飢餓，健康，教育，ジェンダー，水と衛生，エネルギー，ディーセント・ワーク，産業化，不平等，居住地，消費と生産，気候変動，海洋，陸上生態系，平和，グローバル・パートナーシップ，について取り組むことがうたわれています。

このように，私たちの社会で課題となっていることについては，企業のような組織だけでなく，国や個人もより良い世界のために協力することが求められています。

SUSTAINABLE DEVELOPMENT G⊙ALS

図 5-10　国連が提唱する持続可能な開発目標 SDGs

Ⅰ　キャリアデザインへのアプローチ

Ⅱ　働く社会について学ぼう

Ⅲ　人生の選択肢

Ⅳ　なりたい自分に近づくために

第6章　働き方と働く場所

　会社員として「会社に雇われて働く」という働き方は想像しやすいかもしれませんが，その他にも，公務員として採用されて働く，非営利団体（NPO）で職員として働くという選択肢などもあります。また，これからの社会でますます重要になる分野として教育や医療・福祉があげられ，教師として教えることを仕事にする，医療・福祉関係の法人で専門職として働くということも考えられます。また，自分で事業を興し起業家として会社経営をしていくこともできます。

1　会社員の仕事

　毎日会社に通勤して仕事をするのが会社員ですが，会社の種類は，産業ごとにたくさんあるので，どの業種の会社なのかによって業務内容は異なります。職種のところに紹介されているように，基本的には，製造業，流通業，サービス業などによって，ライン部門の業務の流れに違いがあります。その一方，スタッフ部門はどの業種にも共通のものが多く，ほとんどの会社で総務部や経理部などがあります。

　会社に就職すると，希望の部署に配属される場合もありますが，ほとんどの場合には，人員が必要な部署に配属されることになります。配属された部や課によって，業務内容は大きく異なりますから，同じ会社内でも，扱っている商品やサービスは共通ですが，日々の仕事自体は営業と人事では大きな違いがあります。日本の会社では，ほとんどの場合，ローテーション人事といって，会社内のさまざまな部署を経験させて会社内の業務全体を理解した上で責任あるポストに就くという昇進の仕方をします。同じ会社の中で部署を異動すると，別の会社に入ったようにまったく異なる業務を担当する場合もあるわけです。

　したがって，広報の仕事がしたいと希望しても，入社して10年たって初めて広報に配属されて念願の業務に就くということもあります。このため，会社を選ぶ時には，その会社の業種や扱っている商品自体に魅力を感じていないと長続きしないといわれます。会社員として働く場合には，その会社の企業理念やトップの方針などに共感できることが大切です。

2　公務員として働く

　公務員は大きく国家公務員と地方公務員に分けることができます。採用先が国の機関であれば国家公務員，地方自治体の機関であれば地方公務員となります。

　国家公務員は国家全体の運営にかかわるようなスケールの大きな仕事に携わることもできます。地方公務員は特定の地方公共団体の範囲に限定されますが，その職務内容は自治体ごとに多種多様です。

　公務員になるためには，公務員試験を受けることになります。

　国家公務員試験は平成24年度から大きく変更され，「総合職試験」と「一般職試験」に再編されました。総合職試験には院卒者試験と大卒程度試験があり，一般職試験には大卒程度試験（基礎能力・専門・論文・人物）と高卒者試験が設けられています。その他に，専門職試験および経験者採用試験もあります。

> ### POINT 6：公務員は安定している？
>
> 　公務員は「公僕」とも言われるように，給料が税金から支払われていて，社会全体へ奉仕するのが仕事です。国や地方自治体の政策決定にかかわることができるので，社会に大きな影響を及ぼす事業を直接手がけることができる魅力もあるでしょう。民間の会社のように倒産やリストラがない職場で，平均給与水準が高く，不況の時には特に人気があります。一方で，最近は税収不足の問題から公務員の削減も進められています。
>
> 　また，市町村など自治体の統廃合が進められて，地域によっては大きな変化が起きることもあります。

　地方公務員試験は，上級（大卒）と初級（短大卒・高卒）などに分けられ，自治体ごとに試験が実施されます。本庁や出先機関において庶務，経理，政策の企画・立案などを担当する事務系，電気・機械・土木・建築などの専門知識を生かした技術系，警察官や消防官など公安系の採用があります。

　公務員試験に合格すると，採用資格を得たということになるので，成績上位者から順番に採用候補者名簿に登録され，任命権者がこの名簿の中から採用していきます。

　公務員の仕事は，勤務する官庁やそれぞれの部門，職種によって異なります。民間企業とは比較にならないほど幅広く多様な分野があることも特徴の 1 つといえます。公務員の仕事は，大きく分けて，（1）行政（事務）職，（2）技術職，（3）公安職に加えて，相談所などでの業務をおこなう心理職，福祉職，管理栄養士や保健師などの資格免許職もあります。

（1）行政（事務）系の仕事
採用数が多く，公務員を代表する職種で，本庁の各部門や出先機関などさまざまな職場に広く配属されます。「事務」といってもデスクワーク中心ではなく，「人」相手の仕事が多く，対人折衝が重要な部分を占めています。

（2）技術系の仕事
技術系職は，専門分野により限定して採用される仕事です。異動も専門分野内の部署でしか行われません。ただし，企画立案や事業執行にあたっては，専門分野だけでなく行政全般を見渡せる幅広い視野が求められ，対人折衝力や調整能力が必要になります。

（3）公安系の仕事
社会の安全と平和を守る仕事に携わるのが公安系の仕事です。国家公務員では，刑務官，入国警備官，皇宮護衛官，自衛官（陸・海・空）など，地方公務員では，警察官，消防官などがあります。

3　NGO/NPO で働く

　NGO（Non-Governmental Organization）とは「非政府組織」のことで，自国の利益を優先する政府とは異なり，国際赤十字や UNICEF（ユニセフ）など国際的に活動する非営利組織のことです。NPO（Non-Profit Organization）も同様に，利益を目的とはしない，ボランティア活動を中心にさまざまな社会貢献活動を行う民間の非営利団体ですが，そこで働く人たちは給料を受け取る有償労働をおこなっています。

　これらの組織は，営利を目的とする会社ではない組織で，志を同じくする人々と働く 1 つの方法です。具体的には，保健・医療・福祉の増進，社会教育の推進，まちづくりの推進，学術・スポーツの振興，環境保全，災害救助活動，地域安全活動，人権擁護と平和の推進などをおこなっています。

　1998 年に特定非営利活動促進法が制定され，NPO が法人格を得られるようになりました。

Ⅰ　キャリアデザインへのアプローチ

Ⅱ　働く社会について学ぼう

Ⅲ　人生の選択肢

Ⅳ　なりたい自分に近づくために

> **POINT 7：社会的企業（Social Business）**
>
> 　福祉や環境，貧困など社会的な課題の解決に取り組む組織を立ち上げるのが社会的起業家です。収入や地位よりも社会的な価値にやりがいを見出し，社会に貢献するビジネスを手がける社会的企業に出資する投資家は，事業利益から配当を受け取るのではなく，後に元本を返済してもらいますが，金銭的利益は追求しません。
>
> 　社会的企業では，ビジネスから得られた利益は事業の改善や拡大に使われます。資本主義がグローバル化や利益の最大化だけを追求してきたために起きた金融危機，環境問題や食糧問題などに対して，貧困や環境問題などを解決するためのビジネスに取り組む社会的企業は，世界各地で生まれています。

NPO 法人には，内閣府か都道府県からの「認証」が必要です。さらに，国税庁長官から「認定」されると認定 NPO 法人となり，個人や法人からの寄付を受けやすくなります。2017 年 1 月末現在，全国で 51,499 法人が認証され，認定法人も 900 を超えています。

　NPO のミッションや活動に共感する人は多い一方で，NPO への就職は狭き門です。事業を確立して経営基盤がしっかりしている団体は新卒でも採用していますが，ごく一部の NPO に限られます。インターンシップなどを経験した人から職員に登用するのが大半で，多くのスタッフはボランティアで参加したり，副業で収入を補ったりしているのが実情です。NPO 専従で働く 20 代から 30 代の平均年収は，正社員の 6 割の水準である 200 万円程度という調査もあります。それでも「仕事の内容が面白い」「能力が生かせる」「信頼できる上司がいる」という声は NPO 職員では圧倒的に高く，やりがいを求めて NPO で働く人は増えています。

④ 専門職の仕事

◈教員の仕事：「先生になりたい！」

　身近な先生に憧れて教師を目指す人もいますが，教師の仕事は生徒 1 人ひとりと向き合うことになるため，想像よりもたいへんなものです。また，現代の教育現場には，いじめ・不登校・学級崩壊などもあって問題が山積しています。先生になる人には，これらの問題解決に取り組む姿勢と意欲が必要です。子どもたちに勉強を教えるだけでなく，社会全体に関わる仕事といえます。

　学校には，各都道府県や自治体が運営する公立，学校法人が運営する私立があります。公立と私立の一番大きな違いは，公務員かどうかです。公立学校の教員には，地方公務員としての待遇が与えられます。ただ，私立学校と違って希望する特定の学校に勤務できるとは限らず，都道府県内のどの地域の学校に配属されるかわかりません。そうはいっても，教師として活躍する場としては大きな違いはないでしょう。

　公立学校の教員を志望する場合，毎年行われている教員採用試験（公立学校教員採用選考試験）に合格しなければなりません。試験は学校の種類・教科（科目）別に第一次試験（筆記試験や論作文）があり，合格者のみが第二次試験（面接や実技など）に進みます。合格すると採用試験の成績順で「採用候補者名簿に登録され，欠員状況に応じて採用者が決定されます。

　一方，私立学校の教員になるには，民間の企業と同じように学校単位で採用試験が行われていますが，定期的な採用はなく，退職などで教員の欠員が生じた時に募集するというのが一般的です。

　私立学校の教員募集は，その多くが指定校制度を利用して行われます。これは，特定の大学の就職関連部署に学校が直接求人を依頼する制度です。また，各都道府県の私学教員希望者の

名簿に登録しておくという方法もあります。登録しておくと，欠員の出た私立中学校，私立高等学校の採用候補者になります。

　具体的な仕事の内容はどうなっているのでしょうか。小学校では 1 人の教員がほぼ全ての教科を担当するのに対して，中学校・高等学校では各教科を担当するため，免許の種類も異なります。

●小学校教員（小学校教諭普通免許）

小学校教員は全教科担任制が基本で，各教科をはじめ，総合学習や道徳，特別活動のすべてを担任教員が 1 人で指導するのが原則です。ほとんどの時間を 1 人で指導するため，生徒たちとの結びつきはとても深くなります。

●中学校教員（中学校教諭普通免許）

中学校教員は専門とする教科を学習指導する教科担任制で，生徒の生活指導や進路相談，さまざまな学校行事の運営など，仕事の幅が広いのが特徴です。中学生という多感な年ごろの生徒たちと向き合う難しさもあるでしょう。

●高等学校教員（高等学校教諭普通免許）

中学校と同じように教科担任制ですが，教科は細分化されています。教科指導もより高度で専門的な知識と指導力が要求されます。進学や将来の仕事に関することなど，相談される内容も多岐にわたります。

●その他の免許（養護教諭普通免許・幼稚園教諭普通免許・特別支援学校教諭免許など）

特別支援学校の教員は，小学校・中学校・高等学校または幼稚園の教員の免許状のほかに，特別支援学校の教員免許状を取得することが原則となっています。

◈医療・福祉分野の仕事

　医療・福祉分野の仕事は，乳幼児から高齢者までを対象に，仕事の内容から雇用形態，処遇に至るまで，種類も労働環境もさまざまです。現在，少子高齢化で求人が多い分野として注目されていますが，仕事の現場を自分で実際に確かめてみることも大切です。医療機関や福祉施設などでボランティアやアルバイトで働くことができるか，職場を見学させてもらえるかなど，積極的に行動する心構えが必要です。

　医療・福祉系職種の特徴として，対人関係を上手に築く能力が強く求められることから，人柄が重視される傾向にあります。仕事に対する熱意と意欲，資格や技能だけではなく，医療・福祉に対してどのような考え方をもっているのか，社会人としての一般常識など，人物・適性など総合的な観点から評価されます。

●看 護 士	患者に対して療養上の世話をおこなったり，医師が行う診療や治療を補助する仕事です。病名診断はしませんが，患者との接点も多いため，メンタル面でのケアの役目も担っています。
●保 健 士	地域における住民の健康増進や疾病予防のための健康診断および健康相談をおこなったり，家庭における養育・看護・介護についてアドバイスを行います。
●理学療法士	病気やけがなどで，歩く・立つ・座るなどの基本動作ができなくなった患者に対し，運動能力の回復を理学療法に基づき援助する仕事。医師による身体的な治療だけでなく，メンタル面でのケアも視野に入れた援助をおこないながら患者の社会復帰を手助けする役目を担っています。
●作業療法士	手芸・園芸・木工・ゲームなどの作業を通じて心身に障がいをもつ人の身体・精神機能の回復を図り，家庭や社会活動への復帰や，社会適応力の向上を援助する仕事です。

●言語聴覚士	医師の指示のもと，言語機能障害や，聴覚障害を持った人に対して，あらゆる相談に応じながら，機能の回復・維持のための検査・評価・訓練・指導を実施します。
●視能訓練士	医師の指示のもと，視力・色覚・眼圧などの視機能に関する検査をおこなったり，視機能に障害をもつ人に対して機能回復のための矯正訓練をおこないます。
●ソーシャルワーカー・ケースワーカー	心身に障がいをもつ人，日常生活を営むことに支障がある人の相談に応じ，適切なアドバイスや指導，援助をおこないます。各種の施設や機関，専門家と結びつけるコーディネーターとしての役割も担っています。
●介護支援専門員（ケアマネージャー）	介護が必要な人などから相談に応じ，適切な介護サービスが受けられるように介護サービスプランを立てる仕事です。市町村や各事業者，施設などとの調整や介護サービス計画の作成などもおこないます。
●介護福祉士（ケアワーカー）	日常生活を営むのに支障がある高齢者や障がい者の食事や入浴，排泄，移動など，日常生活の援助をおこなうと共に，メンタル面でのケアもおこないます。
●訪問介護員（ホームヘルパー）	高齢者や身体に障がいをもつ人などの住まいを訪問して，日常生活を支援する仕事です。生活援助と介護の両方を合わせたサービスをおこないます。
●児童福祉司	児童相談所の職員として，18歳未満の子どもに関する相談に応じ，適切な指導をおこないます。
●臨床心理士	悩みを抱えている人に対して，臨床心理学の知識や技術を用いて相談に応じ，解決に導いていく仕事です。
●保育士	専門的知識と技術をもって，主に保育所で児童の保育に加えて，保護者からの相談に応じたり，地域の子育て支援などをおこなう国家資格です。働く女性の増加にともない，保育園に入園を希望する児童が増え，保育士の求人は拡大しています。

5 起業家（アントレプレナー）・自営業

　自分で新しい会社をつくることを起業といいますが，自分でビジネスチャンスを開拓して事業を確立するのが起業家です。学生でも起業する人は増えています。その背景には，株式会社を設立するのに1000万円必要だった資本金が1円でも可能になったという会社法の改正があります。しかし，会社の経営を続けていくにはさまざまな知識や経験が必要で，資格として中小企業診断士や経営学修士（MBA）を取得していても，人的ネットワークをもっていないためにビジネスを広げるのに苦労するということもあります。一般に，会社員として経験を積んで人脈をつくった上で起業した方が良いといわれるのは，そのためでしょう。

　一方，日本企業では長時間労働が常態化している職場が多いため，子育てと仕事を両立するために，自分の働きやすい職場を自分で創り，同じように家庭責任のために短時間しか働けない人と協力して事業を立ち上げている人もいます。また，退職後に自己実現の観点から社会貢献できるような起業をする人もいます。

●会社設立の書類と手続き

会社を設立する時には，資本金や設立費用のほかに，登録のための書類を作成し届け出る必要があります。まず会社の目的などを書いた定款を公証人役場で認証してもらい，会社設立登記の申請をします。会社名義の銀行口座を開設して，税務署に開業の届出をすれば設立が完了したことになります。

●会社経営のノウハウ

会社の経営をするには，モノやサービスの販売だけでなく，お金や人の管理も重要です。決算では会社の成績が明確になりますが，キャッシュフローという会社の資金繰りを管理できないと取引先への支払いや給料が滞ってしまうため倒産することにもなりかねません。また，従業員にやる気を出して働いてもらわないと利益は生み出せません。財務の専門知識や人事管理の方法も必要になります。

●事業継続への取組み

会社設立当初の事業がうまくいっても，環境の変化が急速に進む中では，常に次のステップを考えて継続していくことが求められます。経営の醍醐味とも言われることですが，先を見越して新しい事業へ挑戦していくことが必要になります。

　ここで紹介した職業は，公務員でも専門職でも，同じ組織内の他の職種の人たちと協力しながら業務を進めていったり，外部の人たちとコミュニケーションをはかりながら理解を得ていくことが求められます。つまり，自分の専門分野について，専門知識のない人とも協業していくためには，わかりやすく説明したり，理解してもらう工夫が必要になることが多いのです。

Ⅰ　キャリアデザインへのアプローチ

Ⅱ　働く社会について学ぼう

Ⅲ　人生の選択肢

Ⅳ　なりたい自分に近づくために

第7章　労働法の基礎知識

　雇われて働く中で，労働者は企業などの雇用主よりも弱い立場にあるため，労働法によって保護されています。知っておかないと不利な扱いを受けているのか判断できないので，ひと通り勉強しておきましょう。

1 労 働 法

　労働基準法，労働組合法，男女雇用機会均等法，最低賃金法など，私たちが会社などで雇われて働く時に，賃金や労働時間などの労働条件で不利な労働契約にならないように労働者を保護する法律のことを労働法と呼びます。

◇労働契約を結ぶ

　労働者を雇用し，労働契約を結ぶ時には，労働条件を明示した書面を交付することが義務づけられています。特に重要な次の6項目は，アルバイトで働く時にも確認することが必要です。

> (1) 契約の期間：アルバイトは期間を決める有期雇用，正社員は無期雇用のことが多い
> (2) 契約の更新：期間の定めのある契約の場合，更新できるのか，どのように決めるのか
> (3) 仕事をする場所，仕事の内容
> (4) 就業時間，残業の有無，休憩時間，休日・休暇，交代制勤務など
> (5) 賃金の決定，計算と支払いの方法，締切りと支払いの時期
> (6) 辞める時，解雇される時の決まり

労働契約に入れてはいけない条件もあります。

> (1) 労働者が労働契約に違反した場合に，違約金を払わせること，その額をあらかじめ決めておくこと（労働基準法16条に反するので従う必要はない）
> (2) 労働することを条件として労働者にお金を前貸しし，毎月の給料から一方的に天引きする形で返済させること（労働基準法17条に違反する）
> (3) 労働者に強制的に会社にお金を積み立てさせること（労働基準法18条で禁止）

◇就業規則のきまり

　常時10人以上の労働者を雇用している会社は，必ず就業規則を作成し，労働基準監督署に届け出なければなりません。就業規則には必ず次の項目を記載し，労働者に周知し，変更する時には労働者側の意見を聴かなければならないことになっています。

> (1) 始業および終業の時刻，休憩時間，休日，休暇，交替制について
> (2) 賃金について
> (3) 退職について

❖労働時間

労働基準法では，法定労働時間として１日の労働時間を８時間以内，１週間の労働時間を40時間以内と定めています。法定労働時間を超えて労働者を働かせる場合には，あらかじめ従業員の過半数の代表者または労働組合との間に「時間外労働・休日労働に関する協定」（通称「36協定」）を締結し，労働基準監督署に届け出なければいけないことが決まっています（原則週15時間，月45時間）。時間外労働には割増賃金が支払われ，派遣社員やアルバイトなど雇用形態に関わらず全ての労働者に適用されます。

(1) 時間外労働は 25% 以上増し
(2) 休日労働は 35% 以上増し
(3) 午後 10 時から午前 5 時までの深夜労働は 25% 以上増し
(4) 1 カ月 60 時間を超える時間外労働については 50% 以上の割増賃金となる
※法定労働時間外の労働でかつ深夜労働の場合には，（1）＋（3）で 50% 以上増えます。

❖休憩・休日・年次有給休暇

１日の労働時間が６時間を超える場合には少なくとも45分，８時間を超える場合には少なくとも60分の休憩を与えることが決められています。毎週少なくとも１回，あるいは４週間を通じて４日以上の休日を与えなければならないとされています（法定休日）。

年次有給休暇とは，所定の休日以外に仕事を休んでも賃金を払ってもらえる休暇のことで，半年間継続して雇われ，全労働日の８割以上を出勤していれば10日，利用目的を問われることなく取得できます。週30時間以上働くアルバイトも同様です（表7-1 参照）。

表 7-1　勤続年数と有給休暇日数

勤続年数	6カ月	1年6カ月	2年6カ月	3年6カ月	4年6カ月	5年6カ月	6年6カ月以上
付与日数	10日	11日	12日	14日	16日	18日	20日

❖賃　　金

最低賃金法により，会社が支払わなければならない賃金の最低額は，都道府県ごとに決められ，全ての労働者に適用されます。

会社は従業員に給与明細書を交付する義務があり，給与を支払う際に交付しなければなりません。給与明細には税金や保険料などいくら引かれたか記載されているので，保管しておくことが大切になります。

❖退職・解雇

正社員など契約期間が定められていない場合には，労働者は少なくとも２週間前までに退職届を提出するなど退職の申し出をすれば辞めることができます。アルバイトなどで３カ月など契約期間の定めがあるときは，有期労働契約であるため，契約期間満了前に退職するのは契約違反になります。

解雇とは会社からの申し出による一方的な労働契約の終了のことで，客観的に合理的な理由を欠き，社会通念上相当と認められない場合には，労働者を辞めさせることはできないことに

Ⅰ　キャリアデザインへのアプローチ

Ⅱ　働く社会について学ぼう

Ⅲ　人生の選択肢

Ⅳ　なりたい自分に近づくために

なっています。合理的な解雇の理由があっても，解雇をおこなう場合には，少なくとも30日前に解雇の予告をする必要があります。予告を行わない場合には，30日分の以上の平均賃金（解雇予告手当）を支払わなければならないことが決められています。

　会社が不況や経営不振などの理由により解雇せざるを得ない場合に人員削減をおこなうことを整理解雇といいます。その場合には，次の4つの事項が判断されます。

（1）人員削減の必要性：不況，経営不振などによる必要性があるか

（2）解雇回避の努力：配置転換，希望退職の募集など努力したか

（3）人選の合理性：対象者を決める基準は客観的で運用も公正か

（4）解雇手続きの妥当性：必要性，時期，規模，方法について説明したか

2　不正企業と不良バイト

　不正企業 [1] とは，正社員として若者を採用しながら，すぐに辞めさせてしまう企業のことで，絶対に達成できないノルマや長時間の残業命令などの過重労働を課したり，パワーハラスメントが横行しているため，働き続けることができない会社を指します。

　パワーハラスメント（パワハラ）とは，一般的に，職場での強い立場を利用して部下に心身の苦痛を与える行為のことです。厚生労働省では，6つの類型に分類しています。

（1）身体的な攻撃として，暴行，傷害

（2）精神的な攻撃として，脅迫，名誉棄損，侮辱，ひどい暴言

（3）人間関係からの切り離しとして隔離，仲間外し，無視

（4）過大な要求として明らかに不要なこと，遂行不可能なことを強制する

（5）過小な要求として，能力や経験とかけ離れた程度の低い仕事を命じる，仕事を与えない

（6）個の侵害として，私的なことに過度に立ち入る

　パワーハラスメントは，行為者だけでなく，会社が訴えられることもあります。民法の使用者責任，労働契約法の安全配慮義務違反などが根拠となり，違法とされると金銭的な賠償だけでなく，会社の評判に傷がつくことにもなります。管理職への研修や就業規則の整備とともに経営トップがパワハラを許さない姿勢をみせることが重要だといわれています。

　アルバイトに対しても，労働基準法を順守しない会社もあるため，学生が正当な報酬を払われないなどの不当な扱いを受けることがあります。そのようなアルバイト先は不良バイトと呼ばれ，注意が必要です。

　次頁に不良バイトのチェックシートがあります。参考までにアルバイト先で違法なことをされていないかチェックしてみましょう。ウェブサイトに，『ブラックバイトへの対処法』[2] が公開されています。困ったら見てください。

1）ブラック企業といわれることが多いが，ブラックは人種を連想させることにより，ここでは不正企業とする。同様に，ブラックバイトは不良バイトとした。

2）http://bktp.org/news/1051

不良バイトのチェックシート

自分のアルバイト先が不良バイトかどうか，チェックシートでチェックしてみましょう
3個以上あてはまったら，不良バイトです！

1	賃金の計算が 1 分単位ではない	
2	売上のノルマなどを課されている	
3	バイトを減らす理由として「試験勉強」は認められない	
4	休憩は取れたり取れなかったりだ	
5	実際の労働条件が募集の際に提示されたものと違った	
6	労働条件を書面で渡されなかった	
7	アルバイトの上司・先輩から暴言・暴力・嫌がらせを受けた	
8	アルバイト間で暴言・暴力・嫌がらせを受けた	
9	シフトや勤務日数、勤務時間を一方的に減らされた	
10	希望していないシフトに入れられた	
11	商品やサービスの買い取りを強要された	
12	ミスをした分を支払わされた	
13	準備や片づけの時間に賃金が支払われなかった	
14	仕事が延びても残業代が時間通り支払われなかった	
15	就業規則がいつでも確認できるようになっていなかった	
16	賃金が一方的に引き下げられた	
17	賃金が毎月決まった日に支払われなかった	
18	残業代が割増賃金ではなかった	
19	給与明細がもらえなかった（パソコンで確認できるものを除く）	
20	1日に6時間を超えて働いても休憩時間がもらえなかった	
21	仕事上のケガの治療費を自己負担させられた	

出典：ブラックバイトユニオンHP　http://blackarbeit-union.com/cases/check/index.html

I　キャリアデザインへのアプローチ

II　働く社会について学ぼう

III　人生の選択肢

IV　なりたい自分に近づくために

第8章　日本の雇用慣行

日本経済と会社について学んだ後は，働き方についてみてみましょう。

1 終身雇用と年功序列

　日本では，新卒で入社してから定年まで同じ職場で働く「終身雇用制度」のもとで，年齢をベースにした昇進・昇給の「年功序列型」給与体系が多くの会社や自治体で採用されています。年齢とともに給料が上昇する生活給のようなシステムになっているため，若い時は少ない給料で勤続年数が長くなると，給料だけでなく退職金や働く人たちのための福利厚生制度などでも優遇されるようになっています。

　図8-1で示されているように，一般に企業の規模が大きいほど給料も高い傾向があり，企業規模別賃金と呼ばれます。毎年決まった時期に給料が上がる定期昇給は，不況の中では見送られる会社も出ていますが，ボーナスなどの一時金で従業員に働く意欲をもってもらうようにしている会社もあります。

　最近では，年功賃金のほかに成果給や業績給のような会社への貢献度を給料に反映させる報酬制度をとる会社も増えています。また，職務給といって会社の職務ポストごとに給料が決まっている給料体系の会社もあります。

　日本の会社は「新卒一括採用」で学校を卒業した人を一括で採用し，企業内で教育訓練を行います。On-the-Job Training（OJT）と呼ばれる実地研修のほかに，職場を離れて研修所などでおこなわれる Off-JT（Off-the-Job Training）も併用されて，専門職種別あるいは階層別に技能教育が行われるのが一般的です。

　また業務が繁忙期に入ると，パートやアルバイト，契約社員や派遣社員などを雇用して仕事をこなす会社も多く，同じ職場にさまざまな従業員が働く多就業形態が大半となっています。

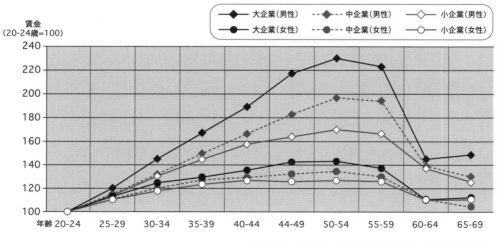

資料：厚生労働省（2016）『平成28年賃金構造基本統計調査（全国）』

図8-1　企業規模と賃金カーブ

POINT 8：新規学卒一括採用

　新卒一括採用は，採用する立場からは，決まった時期にまとめて採用活動ができるため，中途採用とは別枠を設けています。就職する側からみると，新卒で希望の会社に就職できなかったら，とりあえずアルバイトでもしながら就職先を探せばいいと思うかもしれませんが，正社員（無期雇用）として就職していない人を中途採用する会社は多くありません。正社員は研修などを受けて業務経験を得ていると考えられるので，転職もしやすいのです。

　図 8-2 では，国際的にみても日本における教育訓練が手厚くおこなわれていることがわかります。ただし，非正社員の場合には，実際に研修などの機会が正社員よりも少ないことが明らかになっています。

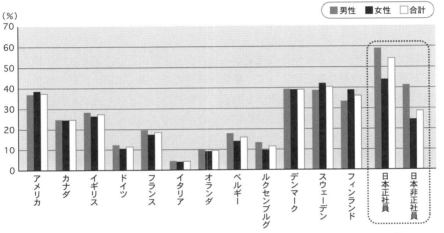

資料：労働政策研究・研修機構（2010）『データブック国際労働比較』p.248

図 8-2　教育訓練の受講率

2　男女間格差：賃金格差・勤続年数・管理職への登用状況

　日本は先進国の中で賃金の男女間格差が特に大きい国となっていて，図 8-3 に示されるように，女性の平均賃金は男性の 7 割程度の水準になっています。法律の上では労働基準法によって，使用者（雇い主）が労働者の国籍，信条または社会的身分を理由として，労働条件につい

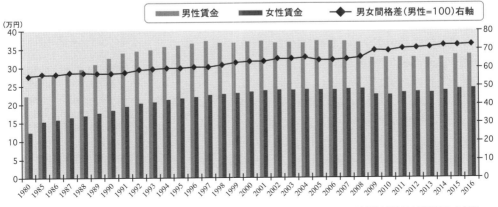

注：企業規模10人以上、決まって支給する現金給与額　　　　　　資料：厚生労働省『賃金構造基本統計調査』各年版

図 8-3　男女間賃金格差の推移

Ⅰ　キャリアデザインへのアプローチ

Ⅱ　働く社会について学ぼう

Ⅲ　人生の選択肢

Ⅳ　なりたい自分に近づくために

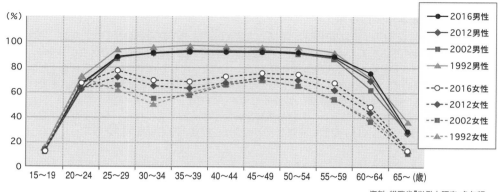

図8-4　年齢階級別の就業率

資料：総務省『労働力調査』各年版

て差別的取扱いをしてはならないとの規定があり，性別を理由とした賃金差別は禁止されています。また男女雇用機会均等法によって，募集・採用時の差別，配置・昇進・降格・教育訓練，福利厚生，職種・雇用形態の変更に関する差別，労働契約の終了時の差別が禁止されています。それではなぜ賃金や昇進・昇格に男女で差がつくのか考えてみましょう。

　同じ企業で働き続ける勤続年数を男女別にみると，1982年から2016年にかけて男性の平均勤続年数は11.1年から13.3年へと伸びたのに対して，女性は6.3年から9.3年へと伸びているものの，男女間では4年の開きがあります。その背景には，女性が結婚や出産・育児と仕事とを両立させることが難しい雇用環境があると考えられています。

　図8-4で年齢階級別に女性の就業率を見ると，少しずつ浅くはなっている中で，M字型になっていて，20代後半から30代にかけて仕事から離れる女性が多いことがわかります。日本では女性の家事・育児・介護の負担が大きいために，勤続年数が短くなっていると考えられます。この女性の就業率のM字カーブは，ほとんどの先進国ではすでに解消され，男性と同じような台形になっています。

　勤続年数が短いために，女性は職場で教育訓練を受ける機会が少なくなり，それが賃金が低いこと，昇進・昇格が遅いことにもつながっています。それでも女性の登用が進んでいる会社の方が業績も良いという調査結果などもあり，女性が働き続けやすい制度を導入する企業は増えています。

　男女格差の指標の1つに，世界経済フォーラム（World Economic Forum）が毎年発表しているジェンダー・ギャップ指数（Gender Gap Index：GGI）があります（表8-1参照）。GGIは経済，教育，政治，保健の4つの分野のデータから作成され，0が完全不平等，1が完全平等を意味します。表8-1のとおり，日本は，2021年3月に発表されたジェンダーギャップ指数で，世界156カ国中120位，主要先進7カ国（G7）では最下位となっています。経済分野で117位，政治分野は147位であるのに対して，教育

表8-1　ジェンダー・ギャップ指数（主な国の順位）

順位	国名	値
1	アイスランド	0.892
2	フィンランド	0.861
3	ノルウェー	0.849
4	ニュージーランド	0.840
5	スウェーデン	0.823
6	ナミビア	0.809
7	ルワンダ	0.805
8	リトアニア	0.804
9	アイルランド	0.800
10	スイス	0.798
11	ドイツ	0.796
14	スペイン	0.788
16	フランス	0.784
23	イギリス	0.775
30	アメリカ	0.763
50	オーストラリア	0.731
63	イタリア	0.721
81	ロシア	0.708
102	韓国	0.687
107	中国	0.682
120	日本	0.655
156	アフガニスタン	0.444

資料：World Economic Forum "Global Gender Gap Repot 2021"
https://jp.weforum.org/reports/global-gender-gap-report-2021

は92位，医療では65位となっていて，政治における女性割合が少ないことが，低い順位の要因となっています。特に女性議員の比率では，日本はG7で最低水準にあり，世界の国会議員に占める女性の割合が平均25.5%であるのに対して，日本は9.9%で166位です[1]。

　経済の面では，女性の管理職比率は，責任ある職位に就いている女性管理職の割合が非常

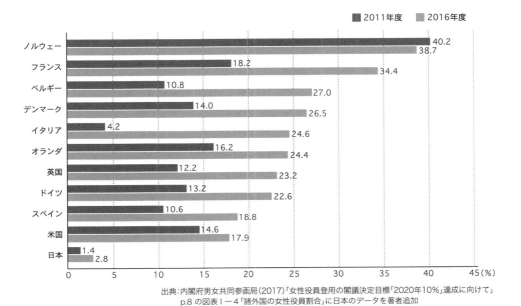

出典：内閣府男女共同参画局（2017）「女性役員登用の閣議決定目標「2020年10%」達成に向けて」
p.8の図表I−4「諸外国の女性役員割合」に日本のデータを著者追加

図8-5　女性管理職比率の国際比較

POINT 9：ポジティブ・アクション（Positive Action または Affirmative Action）

　固定的な性別による役割分担意識や過去の経緯から，男女労働者の間に事実上生じている差がある時，それを解消するためにおこなう機会・待遇や能力開発に関する自主的かつ積極的な取り組みをポジティブ・アクションといいます。これは，単に女性だからという理由だけで女性を「優遇」するためのものではありません。これまでの慣行や固定的な性別役割分担意識などが原因で，女性が男性よりも能力を発揮しにくい環境におかれてきた状況を改善するための取組みです。民族，人種や宗教から統計的差別を受けてきた人たちに機会を与えるためにポジティブ・アクションを取る国や企業もあります。

　経済学では「統計的差別」（Statistical Discrimination）」といって，結婚や子育てのために退職するのは女性が多いという統計的な視点から，女性の採用を見合わせたり，教育訓練の対象から外したりすることの問題が指摘されており，その解消のためにポジティブ・アクションが必要だといわれています。例えば，女性が少ない職場で女性の採用拡大のために女性の採用人数の目標を設定したり，女性管理職の増加のためにモデルとなる女性の育成をおこなったり，先輩がアドバイス役となるメンター制度を導入するなどが挙げられます。大学の入学者の中にある一定の割合を特定の人種や民族に割り当てる国もありますし，議員の中で女性や黒人などに割り当てるクォータ制もその例です。

　女性が責任ある地位に少ないのは，特に政治の分野で顕著です。列国議会同盟（IPU）が2021年3月に公表した世界ランキングでは，下院に占める女性政治家の割合は，188ヵ国中，日本は166位です。女性議員の割合が高い国は，ほとんどがクォータ制を採用しています。フランスは候補者を男女同数にすることまで法律で義務づけ，違反した場合には政党交付金を減額する罰則があります。多くの女性が決定権をもつリーダーになっていけば，社会を変革する力になると考えられます。

1）Inter-Parliamentary Union〈https://www.ipu.org/our-impact/gender-equality〉（2021/08/09）

I　キャリアデザインへのアプローチ

II　働く社会について学ぼう

III　人生の選択肢

IV　なりたい自分に近づくために

に少ないという課題を示していて，図8-5のように，日本は2016年で2.8%と他の先進国との間に大きな差があります。政府が取り組んでいる男女共同参画社会の実現を目指していく中で，女性の活躍を後押しするために，積極的に格差を是正していこうというポジティブ・アクション（Positive Action）を取る職場もあります。

3 正社員と非正社員の格差：給料・教育訓練・昇進・ベネフィット

　雇用される従業員には，雇用の期限が定められていない無期雇用の「正社員」と，期限を定めた雇われ方で有期雇用の派遣社員，契約社員，アルバイト，パートなど，正社員でないという意味の「非正社員」があります。正社員のことを「正規雇用」とも呼び，非正社員のことは「非正規雇用」ともいいます。1990年代からパートやアルバイトなど有期雇用の割合が増加し，現在働く人の3人に1人は有期雇用，女性だけでみると半分以上が契約や派遣社員を含めた有期雇用になっています。

　この背景には経済のグローバル化によってコストダウンが求められ，企業が賃金の低い有期雇用を活用する機会が増えたこと，経済のサービス化で短い時間でも忙しさに応じて柔軟に働いてもらえる労働者へのニーズが高まったこと，労働市場の規制緩和で労働者派遣法などが改正されたことなどが挙げられます。

　学生の間に，アルバイトや派遣社員として休みの時に働くのはよい社会経験になりますが，卒業して社会人となってから有期雇用として就業するのはさまざまな面で不利になることが多いので注意が必要です。目に見える給料の差だけでなく，退職金や企業年金など会社が準備してくれる福利厚生制度などのベネフィット，研修などの教育訓練についても無期雇用だけが対象のものが多いのが実情です[2]。無期雇用の正社員だった人が派遣社員として働くのは容易ですが，アルバイトだった人が無期雇用の正社員になりたいと思ってもなかなか採用されないのです。

　図8-6に示されているように，無期雇用と有期雇用では，20代の間はあまり大きな差がない

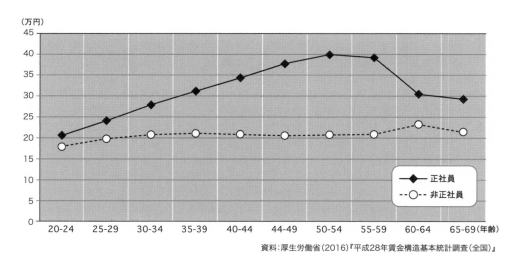

資料：厚生労働省（2016）『平成28年賃金構造基本統計調査（全国）』

図8-6　無期雇用（正社員）と有期雇用（非正社員）の賃金カーブ

2）政府が検討している「同一労働同一賃金」に向けたガイドラインの導入で，有期雇用労働者にも福利厚生や教育訓練の均等・均衡待遇の確保が求められることになっている。

のに対して，50 代では有期雇用は無期雇用の 6 割程度の年収となってしまうため，一生の間に得られる生涯賃金の差は 1 億円以上になるという試算もあります。

また，無期雇用の場合には健康保険や厚生年金などの社会保険を会社が半分負担する福利厚生制度がありますが，労働時間が 20 時間未満，月額賃金が 88,000 円未満（年収約 106 万円以下）のアルバイトやパートタイム労働者などは除外されてしまいます。

正社員とは正規労働者と呼ばれ，雇用契約は無期，つまり期間が決まっていないということで長期雇用が前提となっている雇用形態です。それに対してアルバイト，パートや契約，派遣社員など非正社員は非正規労働者と呼ばれ，雇用契約は有期，つまり期間が決まっている短期雇用が前提です。そのため，有期雇用の場合には時給制で給料が支払われることが大半で，賞与というボーナスや交通費の支給がない場合も多くあります。

❹ 働き方改革：同一労働同一賃金・長時間労働の是正

人口減少に伴い，労働力の不足が深刻化する中で，政府は「働き方改革」として，長時間労働を是正し，多様な働き方を可能にし，格差の固定化を回避するために，2018 年 7 月に「働き方改革を推進するための関係法律の整備に関する法律」を制定しました。この中では，日本の労働制度と働き方にある課題として，3 つ挙げられています。

第一に，「正規，非正規の不合理な処遇の差」として，正当な処遇がなされていないという気持ちを「非正規」労働者に起こさせ，頑張ろうという意欲をなくすという課題です。これに対しては，「非正規」という言葉を一掃していくとし，正規と非正規の理由なき格差を埋めて行けば，自分の能力を評価されている納得感が醸成され，労働者が働くモチベーションを持ち，労働生産性が向上していくと設定しています。

第二に，長時間労働の課題は，健康の確保だけでなく，仕事と家庭生活との両立を困難にし，少子化の原因や，女性のキャリア形成を阻む原因となり，男性の家庭参加を阻むことにもなっていると挙げています。長時間労働を是正すれば，ワーク・ライフ・バランスが改善し，女性や高齢者も仕事につきやすくなり，労働参加率の向上に結びつくとしています。

第三には，現在の単線型のキャリアパスでは，ライフステージに合った仕事の仕方を選択しにくいため，転職が不利にならない柔軟な労働市場や企業慣行を確立すれば，自分に合った働き方を選択して，自らキャリアを設計することができるようになると考えられています。

❖公正な待遇の確保

具体的な改革としては，まず初めに，正社員である無期雇用フルタイム労働者と，非正規社員と呼ばれるパートタイム労働者，有期雇用労働者，派遣労働者などの間の不合理な待遇差をなくし，雇用形態に関わらない公正な待遇の確保を図ることが挙げられています。

①不合理な待遇差の禁止

同一企業内において，正社員と非正規社員の間で，基本給や賞与などあらゆる待遇について不合理な待遇差を設けることが禁止されます。これは，「均衡待遇規定」として，業務の内容と責任の程度からなる職務内容，配置の変更の範囲，その他事情の内容を考慮し明確化するものです。具体的には，基本給，賞与，役職手当，食事手当，福利厚生，教育訓練などについて均衡待遇であるかが問われます。

さらに，「均等待遇規定」として，雇用期間に定めのある有期雇用労働者も対象とし，職務内

容，職務内容・配置の変更範囲が同じ場合は，差別的取扱いを禁止することになりました。どのような待遇差が不合理に当たるか明確化するため，「同一労働同一賃金ガイドライン」が策定されています。

②労働者に対する待遇に関する説明義務の強化

　非正規社員は，正社員との待遇差の内容や理由などについて，事業主に対して説明を求めることができるようになりました。雇入れの時，有期雇用労働者に対して，賃金，教育訓練，福利厚生施設の利用，正社員転換の措置などに関する説明義務が創設されました。また，非正規社員から求めがあった場合，正社員との間の待遇差の内容や理由などを説明する義務が導入されました。さらに，説明を求めた労働者に対する場合の不利益取扱い禁止規定も新設されています。

③行政による事業主への助言・指導や裁判外紛争解決手続（行政 ADR）の規定の整備

　この改正により，行政による助言・指導等や，事業主と労働者との間の紛争を，裁判をせずに解決する手続きである「行政 ADR」の規定が整備されます。有期雇用労働者，派遣労働者について，「均衡待遇」や「待遇差の内容・理由に関する説明」についても行政 ADR の対象となり，今まで弱い立場にあった非正規労働者を保護する方向に進められています。

❖労働時間法制の見直し

　二つ目の労働時間法制の見直しとしては，働き過ぎを防ぎながらワーク・ライフ・バランスと多様で柔軟な働き方を実現するため，以下の制度設計が進められています。

労働時間法制の見直し

見直し	内容
1	残業時間の上限を規制する
2	「勤務間インターバル」制度の導入を促進する
3	1 人 1 年あたり 5 日間の年次有給休暇の取得を企業に義務づける
4	月 60 時間を超える残業は，割増賃金率を引き上げる（25%→50%）
5	労働時間の状況を客観的に把握するよう企業に義務づける
6	「フレックスタイム制」により働きやすくするため制限を拡充する
7	専門的な職業の方の自律的で創造的な働き方である「高度プロフェッショナル制度」を新設し，選択できるようにする

出典：厚生労働省（2019 年 4 月）「働き方改革〜一億総活躍社会の実現に向けて〜」

　主要な労働時間法制の見直しについて，その内容をみてみましょう。

①残業時間の上限規制

　時間外労働である残業については，労働者と使用者である経営者の協定（通称 36 協定）があれば残業の上限はなくなってしまう状態でしたが，法律で残業時間の上限を定め，これを超える残業はできなくなりました。その上限は，原則として月 45 時間，年 360 時間とし，臨時的な特別の事情がなければ，これを超えることはできません。月 45 時間とは，1 日あたり 2 時間程度の残業に相当します。

　臨時的な特別の事情があって労使が合意する場合でも，年 720 時間以内，複数月平均 80 時間

以内（休日労働を含む），月 100 時間未満（休日労働を含む）を超えることはできません。また，原則である月 45 時間を超えることができるのは，年間 6 カ月までです。

②勤務間インターバル制度

　勤務間インターバルとは，1 日の勤務終了後，翌日の出社までの間に，一定時間以上の休息時間としてインターバルを確保する仕組みです。例えば，勤務間インターバルを 11 時間とすると，23 時まで残業した翌日は，休息時間を 11 時間取り，通常の始業時刻が 8 時でも，10 時に始業することになります。この制度は，企業の努力義務として，働く人の十分な生活時間や睡眠時間を確保するとしています。ヨーロッパでも，勤務間インターバル制度を導入している国はありますが，インターバルは 13 時間などとして，健康に配慮しています。

③年 5 日の年次有給休暇の取得

　年次有給休暇については，今までの制度では，労働者が自ら申し出なければ年休を所得できなかったこともあり，年休取得率は 51％程度にとどまっていました。制度改正後は，使用者である雇い主が労働者の希望を聴いて，その取得時期を指定することになりました。これによって，企業は，労働者に対して最低でも 5 日は年次有給休暇を取得させることを義務づけられたことになります。

④月 60 時間の残業の割増賃金率引き上げ

　残業については，1 カ月の時間外労働が 60 時間以下の場合には，割増賃金率が 25％，60 時間を超える部分については大企業のみ 50％の割増賃金となっていました。これを制度改正によって，中小企業も 60 時間を超える時間外労働に対して 50％の割増賃金率となり，残業の抑制を図っています。

⑤労働時間の状況把握を企業に義務づけ

　今までは，割増賃金を適正に支払うため，労働時間を客観的に把握することを通達で規定していましたが，裁量労働制が適用される人や管理監督者は対象外となっていました。改正後は，健康管理の観点から，裁量労働制が適用される人や管理監督者も含め，すべての人の労働時間の状況が客観的な方法，その他適切な方法で把握されるよう法律で義務付けられました。長時間働いた労働者に対して，「労働安全衛生法」に基づいて残業が一定時間を超えた労働者から申し出があった場合に，使用者は医師による面接指導を実施する義務がありますが，これを確実に実施することとしています。

⑥フレックスタイム制

　フレックスタイムとは，始業時刻や終業時刻を柔軟にすることで，仕事と生活の調和を図ることを目的としています。この改正では，法定労働時間について，その清算期間を今までの 1 カ月から 3 カ月にすることで，子育てや介護などの生活上のニーズに合わせて労働時間を決められるようになるというものです。例えば，6 月に残業をしていた労働者が 8 月の就業時間を短くすることで，6 月から 8 月の 3 カ月の中で労働時間の調整をおこない，夏休み中の子どもと過ごす時間を確保しやすくすることが考えられます。これによって，会社は 6 月の残業に対して割増賃金を支払う必要がなく，労働者は 8 月の所定労働時間を働いていなくても欠勤扱いにはならないということになります。

⑦高度プロフェッショナル制度

　この制度の対象となるのは，高度の専門的知識などをもち，職務の範囲が明確で一定の年収（1,075万円）以上である労働者が，使用者との合意に基づき適用を受けるものです。年間104日以上の休日確保措置や健康管理時間の状況に応じた健康・福祉確保措置などを講ずることにより，労働基準法に定められた労働時間，休憩，休日および深夜の割増賃金に関する規定を適用しない制度です。

　これらの法令施行は，2020年4月1日ですが，中小企業における「パートタイム・有期雇用労働法」³⁾の適用は2021年4月1日からです。

　働き方の改善には，より柔軟な働き方を取り入れることによって，今まで労働市場で力を発揮することができなかった女性，高齢者，障がい者などが，ワーク・ライフ・バランスを図りながら，活き活きと働くことができるようにすることが求められています。政府は副業・兼業の促進や外国人労働者の受入れなどを推進していますが，働いている私たちも，今までの労働慣行を見直すことにより，すべての働く人が働きがいをもって仕事に臨めるように，制度改革をさらに進めていくことが大切です。

---

3) 「パートタイム労働法」は，有期雇用労働者も法の対象に含まれることとなり，法律の名称が「パートタイム・有期雇用労働法」となる。

第9章　福利厚生制度

　福利厚生制度とは，従業員の定着と仕事への意欲のために職場で設けられている制度です。日本では，1980年代後半のバブル経済の時には，豪華な保養所や海外への社員旅行などを用意する企業も多くありましたが，最近ではスポーツクラブの利用やベビーシッター代の補助など，ライフスタイルに合わせた選択肢を準備する企業が増えています。

1　賃金制度と福利厚生

❖給　　料

　はじめに，給料について把握しておきましょう。一般に雇用の期間が決まっていない無期雇用労働者の場合には，給料は月ごとに支払われます。給料の中には，年齢や勤続年数で決まっている①年齢給・勤続給，②職能給という労働者の職務を遂行する能力を基準としていて，配置転換しても影響のない「人」基準の賃金，③職務給という「職務（仕事）」を基準として決まっている賃金，④役割給という労働者の担う職務に対する期待や役割を基準とした賃金，⑤業績・成果給といって，組織全体あるいは個人の業績や成果に見合った賃金，⑥資格給として特別な資格を保有している場合に支給されるものなどが基本給と呼ばれます。

　基本給に付加される賃金としては，諸手当という形で，特殊作業や特殊勤務などに対する勤務手当，課長，部長などの役職に対応する役職手当，欠勤が少ないなどの出勤手当（皆勤手当），電車定期代などの通勤手当，家族がいる場合の家族手当，住宅手当などがあります。また，時間外や休日，深夜に勤務した場合には割増賃金として残業代や休日出勤手当などが支払われます。

　これらの月給のほかに，賞与と呼ばれるボーナス（一時金）があります。これは，通常，6月または7月など夏の時期と，12月や1月など冬の時期に，合計2回支払われるまとまった金額の賃金です。会社の業績に連動していることもあるため，前年に合計6カ月分払われていたとしても，今年は5カ月分になるというような変動がある報酬です。

　また退職金，退職年金といって，会社を辞める時に受け取るまとまった賃金や企業年金もあります。これは後払い賃金と呼ばれることもあるもので，定年まで勤めると割増になるように設計されていることが多いため，離職を防止する役割もあります。日本では退職金は雇用労働者の場合，大学卒の管理・事務・技術職で35年以上勤務の平均は月収換算で45.9カ月分の2491万円，高校卒の現業職で35年以上勤務の平均は54.2カ月分の2021万円と高額になっています（厚生労働省，2013b）。

❖福利厚生

　福利厚生とは企業が従業員の生活の向上のために設けている制度で，法律で決められている「法定福利」と義務ではない「法定外福利」に分けられています。法定福利とは，健康保険，40歳以上対象の介護保険，厚生年金保険，労働保険（雇用保険と事業主のみ負担する労働者災害補償保険）の4つの社会保険を指します。

　働いて自分で収入を得るようになると，扶養家族からはずれて健康保険や年金保険などの社会保険に自分で加入することになります。年金は，20歳で加入手続きをする国民年金から会社

Ⅰ　キャリアデザインへのアプローチ

Ⅱ　働く社会について学ぼう

Ⅲ　人生の選択肢

Ⅳ　なりたい自分に近づくために

表 9-1　従業員の社会保険料率（2021 年 4 月）

	保険料率	本人負担	会社負担
厚生年金保険	18.30%	9.15%	9.15%
健康保険（協会けんぽ・平均）＊	10.00%	5.00%	5.00%
介護保険（協会けんぽ、40〜64歳）	1.80%	0.90%	0.90%
雇用保険	0.90%	0.30%	0.60%
労働者災害補償保険（加重平均）	0.45%	0.00%	0.45%
合計	31.45%	15.35%	16.10%

＊会社によっては健康保険組合の医療保険を独自に設定している場合もある。

員や公務員となった場合には厚生年金に移行し，健康保険は職場の健康保険に加入します。

　このような社会保険は，雇われて働く雇用者の場合，労働者と会社が半分ずつ負担する「労使折半」になっているので，表 9-1 のように，本人負担の合計は月給の約 15％となり，給料から天引きされます。表 9-1 に示されているのが，給料の額にかかる社会保険料率です。

　法定福利厚生のほかに，任意の法定外福利厚生として，住宅関連，医療・健康，給食や財産形成などのライフサポート，慶弔，文化・スポーツ・レクリエーションなどに対して，企業は従業員の月給の平均約 5％を負担しています。また，退職一時金と退職年金のため同じように約 1 割を準備しています。

　企業がこのような法定外福利厚生制度を導入するのは，税制上の優遇など企業の経済的メリットもありますが，従業員のやる気が増して生産性が向上したり，離職を抑制したり，優秀な従業員を採用することにつながるなどの人事面での体制作りという側面もあります。

　前項で紹介した諸手当とともに，福利厚生制度の中には，雇用形態によっては支給されないものもあります。図 9-1 は，正社員とパートタイム労働者の両方を雇用している事業所において，正社員に各種手当を支給している事業所の割合を示しています。パートタイム労働者に対して，通勤手当を支給している事業所は 65.1％ですが，賞与（ボーナス）は，37.3％，退職金は 13.0％，家族手当や住宅手当はそれぞれ 2.5％，2.0％と低くなっています。

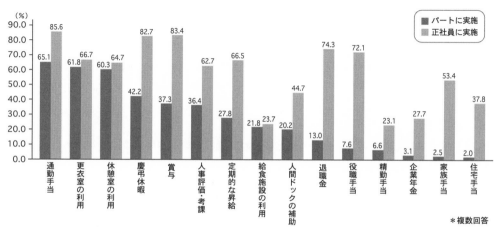

出所：厚生労働省「パートタイム労働者総合実態調査（事業所調査）」（平成23年）

図 9-1　手当・福利厚生の支給

2 ダイバーシティとインクルージョン（Diversity & Inclusion）

　ダイバーシティとは多様性という意味で，人材の多様性を指します。性別，年齢，国籍などの属性だけでなく，宗教や価値観，ライフスタイル，趣味，キャリアも含めて多様な人たちが存在することを認め，それを活かしていくことが重要になっているのです。社会の変化のスピードが速く，さまざまな価値観が新しい発想を生み出すことで，現在の私たちの生活は成り立っています。経済のグローバル化と共に市場が多様になり，さまざまな技術や人材を生かしていく必要から，ダイバーシティという概念が組織経営の中にも導入されています。

　今までの社会では，政治や経済の中で男性が中心となって物事を進めていくことが一般的でしたが，これからは女性や外国人，障がいをもっている人たちの活躍を推進するという政策も，ダイバーシティの概念に入ります。むしろ企業の中には，そのようなダイバーシティを活かしていかないと，今後新しい事業を展開したり，商品開発をするのは難しいと判断するところもあります。政治の世界でも人種や性別などを超えて多様性を尊重することを重視し，積極的差別是正措置としてポジティブ・アクションをとる国も増えています。

　また，障がいをもっている人の能力発揮という課題もダイバーシティに含まれます。日本では「法定雇用率」といい，従業員が一定数以上の企業は身体障がい者，知的障がい者，（2018年度から）精神障がい者の割合を 2.0％以上にすることが義務づけられています。この基準を達成していない企業からは納付金を徴収し，達成している企業には調整金・報奨金が支給され，一般労働者と同じように，障がい者にも働く機会を保障することが社会的責任という考え方になっています。

　さらに，2016 年に改正障がい者雇用促進法が施行され，障がい者に対する差別の禁止が明文化されました。障がい者が職場で働くにあたって，支障を改善するための合理的配慮が事業主の義務となったので，職場に受け入れるための配慮が求められています。このように，社会の中で多様な人材を活かしていくことを社会的包容「インクルージョン」と呼びます。この考え方は移民や難民問題を考える時にも使われています。

POINT 10：LGBT（Lesbian, Gay, Bisexual, Transgender）

　LGBT とは，レズビアン（女性同性愛者），ゲイ（男性同性愛者），バイセクシュアル（両性愛者），トランスジェンダー（心と体の性の不一致）の頭文字をとったもので，性的マイノリティのことです。生まれた時の性別に違和感をもつ人たちが自分の望む性を選ぶことができるように，同性の結婚，性別表記やトイレの使用などに配慮することが求められています。しかし社会の偏見は根強く，国によっては刑罰を科すこともあるため，カミングアウト（自己表明）することに躊躇する人も多いのが現状です。一方，LGBT の人たちの自由な発想や表現は社会に変化をもたらすものとして尊重され，福利厚生面でサポートする体制をとる企業も出てきています。

第 10 章　金融リテラシー

　みなさんがやりたいことをしたり，行きたい所に行ったりするためには，お金が必要になります。また，仕事をする主な目的として多くの人が挙げているのが，「お金を得る」ためです。今の時代に，幸せに生きていくためには，お金との上手なつき合い方を学ぶことが大切になります。最近では，みなさんの身近なところに電子マネーやクレジットカードがあり，使い方には気をつける必要があります。ここでは，日本証券業協会の「基本から，きちんと知りたい人のための投資の時間」(http://www.jsda.or.jp/jikan/（最終閲覧日：2021 年 8 月 16 日））を参考に，低金利の時代にどのようにお金を増やしていかれるのか，資産の運用について概略を紹介します。

1　お金の知識

　お金は何かを買ったり，楽しいことに使ったり，仕事をして稼いだりする大切なものです。将来に向けて，お金を貯めている人もいるでしょう。しかし現在のように金利の低い時には，銀行に預金をしても，お金はなかなか増えません。例えば，定期預金金利が 1 年もので 0.01% の時，100 万円を 1 年間預けても，1 年間で 100 円しか増えないのです。お金を増やしたり，無駄にしないようにするためには，お金の知識（金融リテラシー）が必要になります。

2　お金の計画（マネープラン）

　旅行に行ったり，運転免許を取得したりするためなど，まとまったお金が必要なことがあります。また，急な出費のためにお金を貯金することも考えておかなくてはなりません。

　学生のうちは，ライブに行くために貯金する，短期留学のためにアルバイトするなど，お金を計画的に貯めたり，使ったりするでしょう。将来は，奨学金を返済したり，資格を取ったり，子どもを育てるためにお金が必要になることもあるかもしれません。いつ，どのくらいお金が必要かを考えることがマネープランです。

　所得にかかる税金だけでなく，消費税や社会保険料など，私たちが給料から払う税金などは増加していく見込みです。将来の生活にかかる費用は増えていくことが予想されるので，お金の計画が大切なことは理解できるでしょう。

3　資産運用とは

　お金を具体的に増やすことを資産運用と言います。自分のもっているお金（資産）を貯蓄や投資（運用）に配分することで，効率的に増やすことが目的です。

　投資は「お金が増えるか，損をするかわからない」という点でギャンブルと比較されますが，根本的な目的や仕組みが異なります。投資は，債券や株式を通して国や企業の成長を支え，その結果，より暮らしやすい環境や，質の高い商品やサービスを手にいれることができるようになります。ギャンブルは娯楽が目的で，賭け金を分け合うため，一部の人が利益を得て，大多数の人は損失をこうむるものです。

　貯めることを重視する貯蓄には，元手となるお金（元本）が保証されているものが中心とな

図 10-1　貯蓄と投資のちがい

出典：日本証券業協会「投資の時間」https://www.jsda.or.jp/jikan/lesson2/（2021/08/08）

り，運用の成果である利息は，金融商品を選んだ時点で決まっている固定金利商品が多いのが特徴です（図 10-1 参照）。

　貯めることより増やすことを重視する投資は，株式や債券，または投資信託（ファンド）などの金融商品で運用することです。投資をする時に基本となるのは，1 年以上など長い期間にわたる長期投資をおこなうことと，複数の金融商品に分けて投資する分散投資をすることです。

4　リスクとリターン

　金融商品のリスクとは，資産運用をおこなうことで得られるリターン（収益）に振れ幅があることです。リスクを低く抑えようとするとリターンは低下し，高いリターンを得ようとするとリスクも高まります（図 10-2 参照）。リスクがなく，リターンが高い「ローリスク，ハイリターン」の金融商品はありません。そこで，どのくらいのリスクを取るのかは，自分で決めなければならないのです。

　金融リスクには，主に①信用リスク，②価格変動リスク，③為替変動リスク，④カントリーリスクの 4 つがあります。投資を始める時に，まず確認しておく必要があります。

　①信用リスク……株式の場合には，投資した会社が将来も存続するか，破綻するかのリスクです。債券の場合には，元本の払い戻しや利子の支払いが約束どおりおこなわれるか（デフォルト・債券不履行）のリスクです。

　②価格変動リスク……株式のように，毎日価格が変動する金融商品は，投資した時の金額よりも売却する時の金額が上回ることもあれば，下回ることもあります。債権も満期になる前に，途中で換金する場合には，価格が変動することもあり，ファンドも日々価格変動の影響を受けます。

　③為替変動リスク……外国の通貨で取引される外貨建て金融商品は外国為替レートの変動によって，円での手取り額が投資した時の金額を上回る場合も，下回る場合もあります。投資

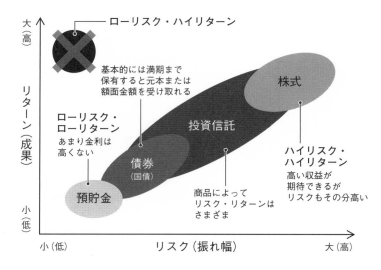

＊これは一般的なイメージ図であり，すべての金融商品があてはまるものではありません。

図 10-2　リスクとリターンの関係
出典：日本証券業協会「投資の時間」を一部改変。https://www.jsda.or.jp/jikan/lesson3/（2021/08/08）

した時よりも円高になると，円での手取り額は減り，為替差損を被ります。逆に円安になると，為替差益を得ることができます。例えば，1ドル100円の時に投資し，売却する時に1ドル110円の円安になっていると，10％の差益が発生するのです。

　④カントリーリスク……海外の金融商品に投資する場合，その国の信用リスクに注意する必要があります。国家も財政破綻することがあるからです。

5 金融商品の種類

　銀行や証券会社で扱っている金融商品には，（1）預貯金，（2）債券，（3）株式，（4）投資信託，などがあります。どの金融商品を選ぶか検討するために，次の3つの特徴から分類してみましょう。

　　　　①安全性……元本（元手）や利子の支払いが確実か
　　　　②収益性……期待できる収益の大きさはどうか
　　　　③流動性……必要な時にすぐに換金できるか

　（1）預貯金（預金と貯金）は，元本が保証されていて，普通預金であればいつでもお金を引き出すことができ，定期的に受け取れる利子は低金利の時代には少ないですが，決まっています。したがって，安全性と流動性は高いですが，収益性はあまり望めません。

　（2）債券は，国（国債）や地方公共団体（地方債），会社（社債）が発行している借用証書のようなもので，満期に受け取れる金額や利子の金額などの条件があらかじめ決められています。一般的に，発行しているのが信用力のある国であれば安全性は高く，預貯金よりも利率は高いものの低金利の状況では収益性はあまり高くない投資対象です。

　安全性は低くても大きな収益性が期待できて，いつでも換金できるのが，（3）株式です。株式投資とは，会社が発行している株式を買って保有し，売却して収益を得ることです。その会社の成長によって投資収益（リターン）を得ることができますが，逆に値下がりする可能性もあります。投資した時よりも高く売れると売却益が得られ，その値上がり益のことをキャピタル・ゲインと言います。逆に，投資した時よりも安い時に売却すると，売却損が発生し，その

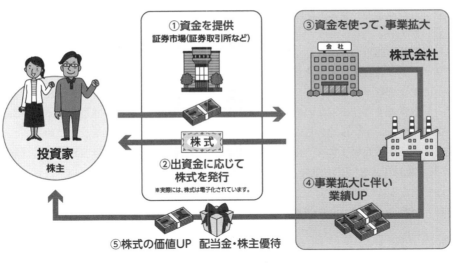

図 10-3　株式投資のしくみ

出典：日本証券業協会「投資の時間」https://www.jsda.or.jp/jikan/lesson4/（2021/08/08）

値下がり損のことをキャピタル・ロスと言います。

　また，会社が得た利益を株主に還元する配当金（インカムゲイン）が受け取れたり，会社の製品やサービスの優待を受けられる株主優待を設けている会社もあり，値上がり益と合わせて，株式投資の３つの魅力と言われます。

　(4) 投資信託は「ファンド」とも呼ばれ，複数の投資家から集めたお金を専門家がまとめて株式や債券などに投資運用するパッケージ商品です。安全性を重視したものから収益性を重視したものまで様々な種類があります。どの金融商品が自分に合っているかは，特徴や費用を調べ，換金性についてもファンドにより異なるため，購入時に確認することが大切です。

　このように，金融商品を安全性，収益性，流動性について比べてみると，下の表 10-1 のようになります。

表 10-1 金融商品の比較

金融商品	安全性	収益性	流動性
(1) 預貯金	◎	△	◎
(2) 債券	○	○	△
(3) 株式	△	◎	○
(4) 投資信託（ファンド）	△～○	○～◎	○

資料：日本証券業協会「投資の時間」https://www.jsda.or.jp/jikan/lesson4/（2021/08/08）

6　投資のリスクとメリット

　一般に，年齢が若い時には長期投資を始められるので，余裕資金で株式やファンドに投資して，資産を増やすことを少しずつ考えると良いと言われます。そのためには，リスクとメリットを良く理解した上で，自分の責任が取れる範囲で投資運用することが基本です。

　株式投資には，買った時よりも値下がりする「価格変動リスク」と，投資した会社が破綻する「信用リスク」があります。このリスクに対処するためには，複数の会社や業種に分散してバランスよく投資する「銘柄分散」と，短期でなく長期的な成長に期待する「長期投資」が望

ましいと言われます。また，外国株に投資する時には，「為替変動リスク」や「カントリーリスク」もあります。

ファンドは，運用会社のファンドマネージャーと呼ばれる専門家が担当しています。運用会社がファンドの投資運用方針を決めて，資金の保管と管理をおこなっている信託銀行に株式や債券への売買を指示します。したがって，投資について専門知識がなくても少額から投資が可能で，分散投資する仕組みなのでリスクも軽減されています。このようなメリットがあるので，資産運用をファンドから始める人が多いことも事実です。それでもファンドに組み入れている株式などの「価格変動リスク」や「信用リスク」はありますし，海外投資しているファンドには，「為替変動リスク」と「カントリーリスク」もあります。また，運用管理手数料がファンドによって異なるので，ファンドを選ぶ時に注意することも必要です。

現在，企業によっては，企業年金として確定拠出年金（DC 年金）を導入しているところも増えています。これは，掛け金を会社が出してくれるもので，社員はその運用先を選び，運用の結果で受け取る年金額が変動するものです。運用先として，用意された金融商品の中から定期預金やファンドなどを組み合わせることができます。少額から始められるので，経済の勉強をするつもりで運用先を選んでみましょう。

III

人生の選択肢

〈自分のシゴトを創りだす〉

||||||||||||||||||||||||||||||||||||||||||||||||||||||||||||||||||||||||||||||||||||||||||||||||||||||||||||||||||||||||

　働く環境について理解した上で，次に考えたいのは，自分に合った職業と働く地域についてです。職種について考える時に大切にしたいのは，あまり限定的にとらえずに，自分に合いそうな種類の職業をいくつか考えておくことです。人と話すのが好きだったら，営業が向いているかもしれません。パソコンで文書を作成したり，エクセルでグラフを作ったりするのが得意であれば，事務の仕事が合っているかもしれません。しかし，営業でも顧客に新しい商品の提案をする時に，わかりやすいプレゼンテーション資料を作らなければいけないこともあります。事務職でも，電話で顧客対応をする必要がでてくることもあるでしょう。営業だけ，事務職だけ，と考えずに，どの産業や組織に興味をもてるかを考えてみましょう。また，どこで働きたいのかは大事なポイントです。

第11章　人生の展開

1　ライフキャリア

　キャリアの概念は，職業だけでなく人生全般について考えるという意味で，ライフキャリアというとらえ方へと発展してきました。その基礎的な考え方を確立した理論として，ドナルド・E・スーパー（1996）のライフ・スパン／ライフ・スペース・アプローチを紹介します。スーパーは，個人が能力とパーソナリティにおいて多様な側面をもち，多様な職業に就くことができるとして，仕事や生活は時間や経験とともに変化し，それに応じて自己概念も変化するとしました。つまり，キャリアは社会的学習を通じて発達し，年齢とともに生涯にわたって継続的に変化すると考えたのです。この考え方を図式化したのが虹のような半円形の「ライフ・キャリア・レインボー」です。

　1人の人間が成長期から探索期，確立期，維持期，衰退期と5つの段階にわたって生きていくとともに，キャリアは漸進的に発達していくことが示され，子どもから学生，余暇人，市民，労働者，家庭人とそれぞれのライフロール（人生の役割）の中で変化していきます。

　このようにキャリアは変化していくものと考えると，私たちはキャリアを主体的に選択すると同時に，経験に基づいて「自分らしさ」の過去・現在・未来ととらえることができます。自分の意識や自我である内的な環境と，社会や組織など外的環境との相互作用で変化するものと考えていけば，人生はどのように展開していくのか楽しみになってきませんか。

　もう1人，ペンシルバニア大学ウォートン・ビジネススクールで教えている，「人生を変える授業」で有名なスチュワート・フリードマンの理論をみてみましょう。ここでは，「リーダーシップ」と「ワーク・ライフ・バランス」という直接は関連しないと考えられてきた概念を融合して「トータル・リーダーシップ」としています。具体的には，①仕事，②家庭，③コミュニティ（地域社会），④自分自身の4つの領域に調和をもたらすことでリーダーシップを形成するというアプローチです。

　トータル・リーダーシップが目指すのは，人生の4つの領域をすべて満たす「四面勝利（four-way-win）」（フリードマン，2013：28）の状態です。つまり，仕事，家庭，コミュニティ，自分自身，すべてで同時に成功するのが目的なのです。仕事とプライベートのどちらを優先するかという判断を迫られた時，仕事を優先する人が多いのが実情ですが，それでは本当に自分の人生に満足ができないかもしれません。どの領域でも結果を出し，充実感を味わいながら人生全体の調和を保つことができるようになり，自分自身の人生のリーダーシップをとることを目指すのです。

　ここで大切になるのは，①自分の価値観に基づくビジョンを抱き（Be Real），②そのビジョンに向けてまわりを巻き込み（Be Whole），③ビジョンの実現に向けて行動する（Be Innovative）という3つのステップを実践しようとする強い意志とその方法（スキル）です。図11-1の中で，4つの領域に対して自分が考える相対的重要度（%），そして実際に使っている時間とエネルギーの割合（%）を書き出し，現在の状態からどのような影響が出ているのか，数値を変えたいところはあるか，何をすればいいのかと考えます。そして，自分が人生の中で本当にやりたいことと現状とのギャップを見つけます。

　次に，この4つの領域を円で表すと，もう少し具体的にイメージしやすくなります。仕事，

家庭，コミュニティ，自分自身の4つの円の大きさと重なり具合で自分の希望するイメージと現実を把握して，そのギャップを埋める方法を考えます。図11-2のように，自分が4つの領域についてどのくらいの大きさでとらえているのか，またどのように重なっていると考えているのかをイメージとして描いてみましょう。自分がそのためにできることを考え，変化を起こすことで，幸せになっていかれるのです。

　さらに自分の未来に利害関係のあるステークホルダーについて，4つの領域に存在する人を挙げます。仕事の上でのステークホルダーは上司，同僚や部下になりますが，①自分に求めていることは何か，②その期待とほかの領域のステークホルダーの期待を融合することはできないか，③摩擦が起こっているところはどこか，④ステークホルダーの期待は私の価値観や未来のゴールと調和しているか，⑤何か変えられることはあるかという質問に答えてみましょう。

　このように，人生の目標を達成するために，4つの領域で自分のことを振り返り，何ができるかを主体的に考えることが自分自身の人生に対してリーダーシップをとることになります。また，そのような人が組織の中でも本当のリーダーになっていかれるということです。

2 キャリアデザイン

　キャリアをデザインする，人生を設計するとはどのようなことなのでしょうか。キャリアは職業を含む人生全体と考えると，職業生活とともに個人の家庭生活や社会活動など生活全般を視野に入れるということになります。その上で実現不可能な判断にならないように，現実の社会を充分に理解し，自分自身の過去から現在までをよくみた上で方向を決めていくということになるでしょう。人生の時期や展開によっては，キャリアをデザインし直すことも出てくるかもしれませんし，社会や環境の変化によって自分の関心や興味が変わることもあるでしょう。それも人生の面白いところと考えれば，「人生は小説より奇なり」というわけです。

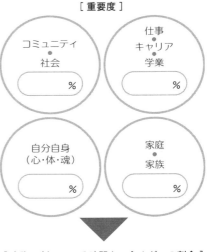

[重要度]

[実際に割いている時間とエネルギーの割合]

出典：スチュワート・D・フリードマン著　塩崎彰久訳（2013）『トータル・リーダーシップ』p.79

図11-1　4つの領域：重要度と現状

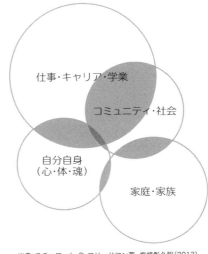

出典：スチュワート・D・フリードマン著　塩崎彰久訳（2013）『トータル・リーダーシップ』p.88の図に加筆

図11-2　トータル・リーダーシップ：4つの領域

I　キャリアデザインへのアプローチ

II　働く社会について学ぼう

III　人生の選択肢

IV　なりたい自分に近づくために

　学生のみなさんが卒業する時に，就職先として希望するのは民間企業が圧倒的に多いのですが，企業も規模別に人気度が異なります。有名な大企業に応募する学生は多いのに対して，名前が知られていない中小企業に応募する学生は少ないのです。従業員規模別に大卒求人倍率についてみてみましょう。求人倍率とは，民間企業への就職を希望する学生1人に対する企業の求人状況を算出した数値で，次のように計算します。

　　求人倍率 = 求人総数 ÷ 民間企業就職希望者数

　バブル経済崩壊後の1991年から2021年までの30年間の求人倍率は，2.86倍から1.53倍へ推移しましたが，その間の最低は2000年の0.99倍です。1を割り込んでいるということは，仕事を求めている学生の中で就職先がない人が100人に1人出てしまうという数字です。しかし，この年以外では常に1を上回っていて，2021年3月卒業の求人倍率は，コロナ禍でも1.53倍となっています。

　ここで，詳しく従業員規模別の求人倍率をみると，図11-3に示されているように，2021年3月卒業の求人倍率は，5,000人以上の大企業では0.60倍となっているのに対して，300人未満の中小企業では，3.40倍と大きな差になっているのがわかります。これはこの年に限ったことではなく，例年このように推移していますが，全体としてみると求人の超過需要があるものの採用意欲は減退しています。学生の希望が大企業から中小企業へシフトしていて，2010年以来はじめて従業員規模300〜999人企業と1,000〜4,999人企業の求人倍率が逆転していることも注目されます。

　たしかに大企業に入社できれば何となく安心だし，家族も喜ぶと思うでしょう。また転職する時に，大企業から中小企業への転職は比較的みつけやすいかもしれませんが，中小企業から大企業へ転職したいと考えても，なかなか希望どおりにはいかないことは今までの転職者のデータをみても明らかです。しかし，それは日本では中小企業が全事業所数の98%を占めていて，大企業はほんの一握りであるためです。逆に中小企業は有名でないかもしれませんが，優良な会社も数多く存在するということです。誰もが知っているような会社を名前だけで応募先候補

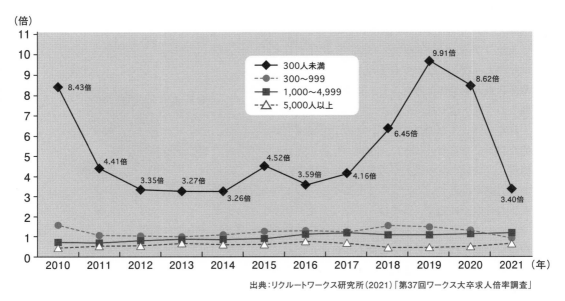

出典：リクルートワークス研究所（2021）「第37回ワークス大卒求人倍率調査」

図11-3　従業員規模別の大卒求人倍率

とするのではなく，自分の希望する働き方ができるのか，業種について興味をもって仕事に力を注げるかということをよく考えて調べていくことが重要です。

　自分のキャリアをデザインするときに考えたいのは，自分が何を大切にして，キャリアを積んでいきたいのかということです。自分の夢，理想，信念など，今まで大切にしてきたことを思い出してみましょう。

　リンダ・グラットン，アンドリュー・スコットの『LIFE SHIFT─100 年時代の人生戦略』(2016) の中では，人生のマルチステージ化と無形資産がキーワードになっています。寿命が長くなり，人生が 100 年になる時代には，今までのような「学ぶ時期」「会社勤めの時期」「引退後」以外の別のステージが出てきます。旅をしたり，経験を積んで社会の見聞を広める「エクスプローラー」のステージ，キャリアを外れ，自分で職を生み出す「インディペンデント・プロデューサー」や，いくつもの活動に同時に関わる「ポートフォリオ・ワーカー」のステージというように，同時にいくつもの活動に携わる生き方です。

　そして資産については，不動産や銀行預金といった「有形資産」だけでなく，目に見えない資産の「無形資産」についても，どのように増やして運用していくかに目を向ける必要が出てくるということです。無形資産の中には，「生産性資産」として仕事に役立つスキルや知識，人間関係や評判なども含みます。また，「活力資産」として健康，友人，愛など，人に肉体的，精神的な幸福感と充実感をもたせ，やる気にさせてくれる資産があります。そして，「変身資産」は人生の途中で，新ステージへの移行を成功させる意思と能力のことで，人生がマルチステージ化する 100 年時代には重要なものだということです。

　これから職業人生が始まるみなさんは，生涯現役時代を生きていく中でマルチステージをどのように切り拓いていくのか，選択を迫られるときがくるでしょう。そこで，今までの既成概念からの発想だけでなく，新しい時代を生きる人として，自由に自分の人生を創造することができるのです。そのために，少しずつ「生産性資産」である知識や人間関係を豊かにして，前向きに取り組むことができる「活力資産」を増やしていけば，きっと次のライフステージに飛躍することができる「変身資産」も身につけられるはずです。

第 12 章　職業の分野

　社会の中にはいろいろなタイプの人がいて，職場では協力して仕事に取り組むことになります。学生の時は自分が好きな人とだけ一緒に行動していればいいのですが，社会に出るとそういうわけにはいきません。苦手な人とも話をしたり，協力し合っていく必要があります。自分のタイプを知っておくのと同時に，いろいろなタイプの人がいることを意識しておくと対応の仕方などを工夫できるようになります。ここではまず，自分のタイプをみてみましょう。

1　RIASEC からみるタイプと仕事の分野

　アメリカのホランド（J. L. Holland）という心理学者が開発したパーソナリティ・タイプでは，6 つの職業タイプにより個人と環境が相互作用すると理論化されています。ここでは，6 つのパターンの中から自分が選んだ役割タイプによって，自分の性格や力が発揮できると思われる職業を知ることができます[1]。ただ，必ずしも 6 つのタイプにあてはめられるということではありませんので，自分が選択した順に好みの傾向が強いと考えてください。

　例えば，運動会のお手伝いや文化祭の係をする時，どの役割につきたいと思いますか？

（1）文化祭で，必要な道具を作る係 ……………………………………………（R）
（2）過去の文化祭の来客数などを調べて分析する係 …………………………（I）
（3）飾りつけやポスター，BGM などを作る係 ………………………………（A）
（4）来客のお世話をするなど，運営がうまくいくように支援する係 ………（S）
（5）資金を集めたり，集客を考える係 …………………………………………（E）
（6）係の名簿や終わった後に報告書を作成する係 ……………………………（C）

　ここで選んだ係（R）（I）（A）（S）（E）（C）は，それぞれ次の（1）から（6）のタイプとされ，職業として多くの人が就いている職種が挙げられています。

(1) 現実的なタイプ（Realistic Type）

物，道具，機械などを使うことを好み，明確で秩序的かつ組織的な操作をともなう活動を好みます。実際に自分の手先を使うことが得意。逆に教育的，治療的活動を好まない。また，物体，道具，機械，動物を，具体的な指示に従って，組織的に操作することを好みます。

【現実的な職業】	モノや機械を対象とした具体的な職業として，技術者・職人・機械技師・運転手・整備士・設備管理者・工事検査員・調律師・消防士・測量士・大工・造園士・写真屋など

(2) 研究的タイプ（Investigative Type）

独立志向が高く，物事を分析し，自分の意見を明確にもっているタイプです。社会的活動，あるいは反復をともなう活動を好まない。物理的，生物的，文化現象を観察し，表象を用いて組織的に創造的な研究をおこなう傾向があります。

【研究的な職業】	研究的・学術的・探索的な職業として，学者・研究者・医師・薬剤師・技術者・システムエンジニア・パイロット・アナリスト・アクチュアリーなど

1）ここで紹介しているパーソナリティ・タイプ診断は，渡辺・ハー（2001）および名雲（2010）を参考にしている。

(3) 芸術的タイプ（Artistic Type）

作文，音楽，美術関係の能力をもち，独創性や創造力に恵まれています。繊細で感受性が強く，規則や習慣を重視せず，内向的で衝動的な傾向にある。あいまいで自由な環境の中で，非組織的活動をおこなったり，芸術的な形や作品を創る能力が必要とされます。

【芸術的な職業】	舞台演出家・俳優・記者・通訳・彫刻家・画家・デザイナー・音楽家・編集者・ライター・カメラマン・建築家など

(4) 社会的タイプ（Social Type）

社会的活動に熱心で，比較的高いコミュニケーションスキルがあります。教育的な活動を好む。物，道具，機械を用いた具体的，秩序的，体系的活動を好まない。また，広報普及，訓練，発達援助，治療あるいは啓蒙といった他者に対する働きかけをすることが多いタイプです。

【社会的な職業】	人に接したり奉仕したりする職業として，看護士・教員・ケースワーカー・カウンセラー・ホテルマン・飲食店主・美容師・スポーツインストラクター・ブライダルコーディネーター・公務員・販売員・介護士など

(5) 企業的タイプ（Enterprising Type）

リーダーシップ能力を発揮し，指導力，対人処理能力，説得力に富む反面，観察，言語記述，あるいは体系的な活動を好まない。組織が設定した目標や，個人的に興味のある目標を達成させるよう，他人を動かすようなことが多いといえます。

【企業的な職業】	個人起業家や組織の中で企画組織運営・経営などをする職業として，経営者・管理職・営業・セールスエンジニア・弁護士・中小企業診断士・コンサルタント・新聞記者・レポーター・アナウンサー・司会者・フライトアテンダントなど

(6) 慣習的タイプ（Conventional Type）

前もって決められた計画に従ってのデータ整理や情報処理操作を好みます。あいまいで基準がなく，探索的で非体系的な活動を好みません。簿記，さまざまな種類のファイリング，文字や数字で書かれた資料の整理，事務機器や情報処理機器の操作など，明確で順序だった仕事を期待されることが多いタイプです。

【慣習的な職業】	定まった方式や規則にしたがって行動する職業として，事務員・オペレーター・経理・税理士・会計士・管制官・プログラマー・医療事務・弁理士・駅員・秘書・受付・速記者など

　ここで紹介しているタイプや職業は，あくまでも 6 つの分類をしたおおまかなものなので，必ずしもこれに当てはまらないこともありますし，複数のタイプに該当する人もいます。参考程度にみてください。

② 職種とは

　世の中には数万の職業があると言われていて，実際にみなさんが職業を考える時に対象となるものだけでも 500 種類くらいあります。本やテレビを見て知っている職業のほかにどんな職業があるのか，いろいろな社会人に聞いたり，職場見学などのほかに，インターネット検索で職種などを調べることもできます。

● 「職業図鑑」〈http://www.aaaaaa.co.jp/job/〉
450 以上の職業から興味のある職業を検索できます。

● 「Benesse マナビジョン」〈http://manabi.benesse.ne.jp〉
職業名，職業分野，キーワードから職業を探すことができます。

● 「Career Garden キャリアガーデン」〈http://careergarden.jp/careerlist/〉
職業一覧では 600 種類の職業に関する情報を掲載しています。

I　キャリアデザインへのアプローチ

II　働く社会について学ぼう

III　人生の選択肢

IV　なりたい自分に近づくために

職種とは，職務の種類のことですが，その業界や企業によって異なる呼び方をすることもあります。代表的なものを挙げます。

- ●事　務　職……………総務・人事・経理・会計・営業事務・貿易・医療・企画・調査・宣伝など
- ●営業職・販売職…………店頭販売・訪問販売・外交員（保険・証券・銀行）・バイヤーなど
- ●技　術　職……………研究開発・生産技術・品質管理・プログラマー・SE・建築士など
- ●専　門　職……………教員・会計士・税理士・弁護士・学芸員・警察官・消防士など
- ●マスコミ関係…………編集者・記者・アナウンサー・プロデューサーなど

例えば，事務職の中でも，就職したら研修などを受けて少しずつ業務を覚えていかれる営業事務や宣伝のような仕事もあれば，専門的な知識が必要な医療事務のような仕事もあります。アナウンサーになりたいと思う人は，アナウンサーの講習を受けて採用試験に臨む必要がありますし，税理士になりたい人は税理士の資格試験を受けなければ税理士にはなれません。在学中から専門学校に通って資格を取得する学生も増えていますが，会社に就職した後，働きながら取得できる資格もありますし，会社の研修などを通して就ける職種もたくさんあります。

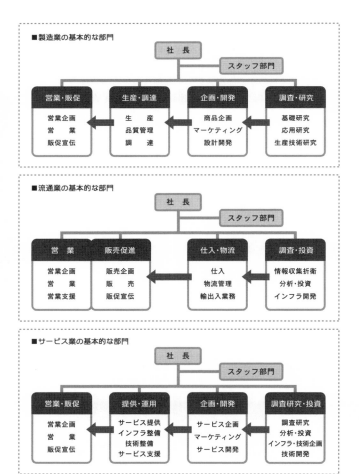

図12-1　ライン組織の業務の流れ

※ライン部門とスタッフ部門

業種によって独自の職種がある場合もありますが，どの業種にも，ある程度の企業規模であれば共通の職種があります。職務の種類を大きく分けると，企業の生産や販売など収益を上げるための事業活動に直接かかわるライン部門（直接部門）と，ライン部門をサポートし，トップマネジメントの補佐や専門的な知識や技能にもとづいた業務を担当するスタッフ部門（間接部門）の2つになります。

①ライン部門

ライン部門は，経営活動に不可欠な購買，生産，販売など企業目的を直接実現するための組織で，図12-1に示されているように，経営者から末端の組織構成員まで1本のラインで結ばれています。トップマネジメントから各部署への指揮・命令系統が統一されていて，部署間の仕事の流れ

表 12-1　スタッフ部門の主な部署

部署	業務内容	必要な職務知識・技能
財務・経理	財務, 経理など企業の出入金管理や資金計画立案などに伴う業務	経理・簿記（公認会計士, 税理士）
総務	資産（不動産）管理, 庶務, 経営管理など, 各事業部の業務遂行に必要となる支援業務	不動産・簿記（不動産鑑定士, 土地建物鑑定士）
人事	採用, 人事制度設計, 人材教育など, 人材の獲得・育成・評価に必要となる業務	人材育成・評価方法の知識（キャリアカウンセラー）
情報システム	情報システムの企画, 設計, 発注, 管理など, 業務アプリケーションの開発・運用に必要となる業務, 情報管理など	情報システム・システム管理（システムエンジニア）
経営企画	経営戦略や事業戦略の立案, 事業開発など, 企業経営の方向性や新規事業育成に関わる業務	ビジネスマネジメントの知識（MBA）
法務	企業間の交渉や契約, 特許契約など, 企業経営に関係する法律業務, 企業の社会的責任CSRに関わる業務	企業法務や会社法（弁護士）
国際	海外におけるマーケティング戦略立案や販売網構築など, 海外進出に関わる業務	英語・マーケティング（MBA）
広報・宣伝	企業イメージや商品/サービスのイメージアップに関わる, ニュースの告知とマスコミとの関係構築に関わる業務	広告・広報・マーケティング
秘書室	経営陣のスケジュール管理と社内外コミュニケーション業務のサポートに関わる業務	企業経営・秘書業務
コールセンター	商品/サービスの受発注やアフターサービスに関わる業務	電話応対の知識や技能
倉庫	商品の在庫管理と物流に関わる業務	在庫管理方法・物流システム
ウェブ管理	企業や商品/サービスのホームページに関わる業務	情報システム（IT技術）

が把握されます。各部署内では担当者の業務内容が決まっていますが, 規模の小さい企業の場合には兼務されることもあります。商品企画や生産といった職務ごとに人員が配置されて, 組織として業務が進められていくのです。

②スタッフ部門

　部署とは, 会社の中の＊＊課や＊＊部といったグループのことで, 部署によって担当する業務内容が異なります。担当する業務内容によって必要になる職務知識や技能があり, 業務や研修を通じて身につけていくことになります。資格がないと業務を担当できないということはありませんが, 資格の取得を通じてその業務に関する標準的な知識を得ることができます。

　表 12-1 にある部署のうち社外でもできる業務を, 外部の企業に業務委託することをアウトソーシングといい, 効率化を図るために, 外注する会社もあります。例えば, ウェブ管理業務を他社に委託し, 社内では, 総務部が窓口になって会社の要望点などを伝えてアップデートする作業を専門の会社に依頼するなどの方法があります。特に中小企業では, そのように業務委託し, 本業であるライン部門に集中することで利益率をあげることに注力する会社も多くなっています。

❖個人事業主

　上で挙げている職種は, 主に雇用されて働く人の職種です。組織の中で働く以外にも, 職業は

たくさんあります。家業や自営業などは，個人事業主の形で自分で事業を経営することです。第一次産業である農業，林業，漁業などでは，家業として継承された事業を代々受け継ぐという方法で農家や漁師などの職に就く場合が多い産業です。それらの事業でも，農業法人のように法人化して組織形態で運営する場合もあって，従業員を雇い入れるように発展する組織もあります。

　また，パン職人や大工のように自分の手を使ってモノを作る職業もあります。その場合にも，組織に所属する場合と，一人親方のような形式で自営業の形をとるケースもあります。自営業の中には親から継承する場合もありますが，新規に事業を興す起業の形態もあって，自分で自分の雇用を創りだすという意味から玄田有史（2004）で提起されている「自己雇用」と呼ぶこともできます。同じ職種でも，組織の中で働く働き方と組織を離れて働く働き方があるということです。

　政府が調査などをおこなう際につかう職業分類として，統計局の「全国消費実態調査」では，官公庁や民間で雇用される勤労者以外の職業としては次のようになっています。

●個人営業世帯
①商人および職人（理髪・美容院店主，大工，植木職人，個人タクシー運転手など）
②個人経営者（大小店主，大工場主，私立学校経営者，食堂経営者，不動産業経営者など）

●その他の世帯
③農林漁業従事者（農耕作業者，きこり，海藻・貝採種作業者，水産養殖作業者など）
④法人経営者（社長，取締役，理事，銀行頭取，局長，知事，市町村長，議員など）
⑤自由業者（弁護士，税理士，公認会計士，開業医，助産師，僧侶，著述業，デザイナーなど）
⑥その他（芸能人，モデル，職業スポーツ家，内職者など）
⑦住み込みの雇い人
⑧家族従業者（家業に従事している者）

　雇われて働く勤労者としての働き方は，初めて働くときには毎月給料をもらえて経済的に安定し，仕事を覚えるのにも教えてもらえるため，入りやすい働き方です。卒業後多くの人が選ぶのが就職という形になっているのは，そのような理由からでしょう。ただ大学卒業後，就職という形の進路を選ばない卒業生もいます。個人経営者になったり，農林漁業従事者，自由業者などという形の自己雇用です。また，就職してしばらく会社勤めをした後で，起業したり，自営業として独立する人もいます。仕事に必要なスキルや人的ネットワークを構築してから，自分が本当にやりたい事業に打ち込む方が成功する確率が高くなるからです。

第 13 章　地域で働く

1 地域創生

　日本は，1950 年代から 1970 年代にかけての高度経済成長期に人口が地方から都市へ流入し，製造業中心の産業構造で発展してきました。その後，1980 年代は円高の時期もありましたが，経済は安定成長を続け，後半には低金利による株や不動産投資の資産バブルが発生しました。その後，1990 年代初めの金融引き締め策に端を発するバブル経済崩壊から，失われた 10 年などといわれ，長期にわたる経済低迷の時期に入りました。さらに 2008 年には，アメリカの証券大手リーマン・ブラザーズの倒産により発生したリーマンショックによって，世界的に経済が混迷し，日本の製造業は不振に陥っているといわれます。

　一方，東京一極集中が進み，地方の人口減少は歯止めがかからない状態で，少子高齢化と産業の空洞化に伴って，多くの市町村が消滅するかもしれないと予想されています（増田, 2014）。そのような中で，国土の均衡ある発展のため，さまざまな地域政策が実施されてきました。当初は分配重視の画一的な市町村指定の補助金政策が中心でしたが，徐々に成長やイノベーション重視の政策になり，さらにプロジェクトベースの政策へと移ってきています。

　現在は，さまざまな地域の機能や官民の資源を有機的に結びつける産業集積が進められ，産業クラスター政策と呼ばれています。アメリカでは自動車のデトロイトや情報産業のシリコンバレーが有名ですが，日本でも愛知県豊田市の自動車産業，神奈川県川崎市の機械産業，福井県鯖江市のメガネ産業などが知られています。特定の地域に産業が集中することによって効率が上がり，経済成長を促進すると考えられています。

　その中では企業の数よりもその質が重視され，1983 年に始まったテクノポリス政策では全国 26 地域が指定されました。その後，1988 年にスタートした頭脳立地政策は，次世代型の新産業の創生と高度な産業集積の育成を目指しました。しかし，これは雇用の増加にはつながったものの，産業集積全体の平均生産性は下がったことが明らかになりました。その要因として，補助金による地方への進出は生産性の低い企業が中心となっていたことが挙げられています（NIRA 総合研究開発機構, 2016）。

　一方，現在のように情報通信（ICT）や高速輸送網が高度に発達した中では，コミュニケーションコストが低下し，国際的な生産ネットワークが拡大しています。グローバル・バリュー・チェーン（Global Value Chain：GVC）と呼ばれるように，生産や販売，サービスの工程が細分化され，各国は特定の工程に特化して国際分業をおこなっています。

　グローバル化が進む中では，国内だけでなく世界における各地域の「比較優位」が重要になります。比較優位とは，国際貿易の中で他国と比較して得意な分野に特化し，お互いにモノやサービスを交換することで効率性を高めるということです。つまり，それぞれの地域における独自性や魅力を高めることが必要で，まずその地域のオリジナリティや理念を明確化しなければなりません。

　そのためには，地域の多様な人たちが協働し，独自の魅力を創り上げていくことが比較優位の高い産業を形成する基盤となってくると考えられています。具体的には，ベンチャー企業の支援，大学との連携，地域金融の充実，地方自治体や商工会議所による事業支援，地元企業のネットワーク化などを通して協働していくということです。

I　キャリアデザインへのアプローチ

II　働く社会について学ぼう

III　人生の選択肢

IV　なりたい自分に近づくために

2 地域で活躍するために

❖少子高齢化と人口減少

現在，日本の最大の課題は，急速に進展する少子高齢化と人口減少であるといわれています。少子高齢化とは，子どもが少なくなり，高齢者が多い社会になるということです。その背景には，1つ目に日本において女性が一生の間に産む子どもの数である合計特殊出生率の低下があります。1974年以降，この出生率は人口が減らずにすむ人口置換水準である2.07人を下回り，1990年には「1.57ショック」といわれた後，2005年には過去最低の1.26人を記録し，現在も低い水準にあります。子どもを産み育てにくい社会になっていることが原因でもあるでしょう。希望する数の子どもを育てることができるようになることが求められ，さまざまな少子化対策が実施されてきましたが，成果が出ているとはいえません。

2つ目には高齢化の進行があります。これは長生きという面で嬉しいことです。世界保健機関WHOの世界保健統計[1]によると，平均寿命が最も長い国は日本で84.2歳，2位がスイスで83.3歳となっています。男女別では，女性は日本が87.1歳，男性はスイスが81.2歳，日本の男性は81.1歳で2位となり，いずれも過去最高を更新しました。主要7カ国（G7）などと比べると，男女ともに最も高く，日本は長寿の国になっています。平均寿命の進展にはめざましいものがあり，1891–1898年は男性が42.8歳，女性が44.3歳であったとされていますから（厚生労働省，2017），約2倍長い人生になっているわけです。

人口に占める65歳以上の人の割合を高齢化率と呼びますが，図13-1のとおり，1950年には5%に満たなかったのが，2015年には26.7%へと急激に上昇していて，2060年には39.9%と予想されています。これは，65歳以上の人が現在4人に1人なのが，約2.5人に1人という高齢者の多い社会になるということです。高齢化にともなって，医療や介護の需要が増加することにより，働いている現役世代の社会保険料負担が増えることが予測されています。

また，これまで増加を続けてきた日本の人口は一転して減少し始めていて，2020年から2025

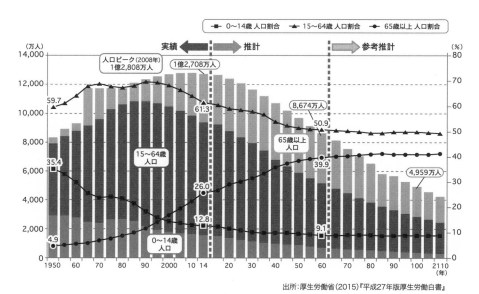

出所：厚生労働省（2015）『平成27年版厚生労働白書』

図13-1　日本の人口推移

---

1) World Health Statistics（2020）には，WHO加盟国194の国と地域を対象としていて，数値は2016年時点のものとなっている。世界の平均寿命は72.0歳，そのうち女性が74.2歳，男性が69.8歳である。

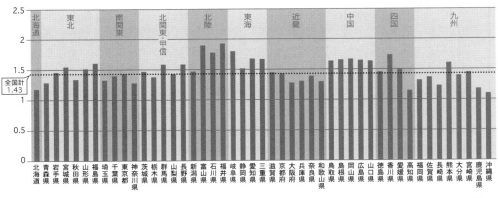

資料:厚生労働省(2017)『一般職業紹介状況(平成29年2月分)』注:就業地別, 季節調整値, 新規学卒者を除きパートタイムを含む

図 13-2　地域別求人倍率

年にかけてすべての都道府県で人口減少に転じると予想されています。それは地方においてより加速していて, 人口規模が小さい自治体ほど人口減少率が高くなり, 2050 年には現在の居住地域の 2 割が無居住化すると推測されています。

　そこで, 世界一長寿である日本において, 働く意欲のある高齢者が長年培ってきた知識や経験を活かして, 年齢にかかわりなく活躍し続けることができる「生涯現役社会」を実現することが必要になっています。そのためにも健康で過ごすことができる期間を伸ばし, 健康寿命のために予防や健康づくりが重要です。人口減少のもとで, 地域をどのように造っていくのか, 福祉サービスをどのように提供していくのか, 包括的な取組みが今後ますます求められるようになるでしょう。

　それでは, 地方には仕事は本当にないのでしょうか。各地域で仕事を求めている人に対して, いくつの求人があるのかを示す地域別求人倍率をみてみると, 必ずしも東京や大阪のような都市部のみ仕事があるということではありません。むしろ, 全国平均の求人倍率を上回る地域が各地にあることが図 13-2 をみるとわかります。仕事がないわけではなくて, 採用したい会社はあっても採用できていないケースもあるのです。

◈地域おこし

　総務省が 2009 年から実施している「地域おこし協力隊」という事業があります。これは, 過疎地域など条件が不利な地域に生活の拠点を移した人を地域おこし協力隊員として委嘱し, 一定期間その地域に居住しながら定住・定着することを図る取り組みです。その地域のブランドや地場産品の開発・販売・PR などの地域おこしの支援や農林水産業への従事, 住民の生活支援などをおこないます。

　活動に要する経費として, 隊員 1 人あたり 400 万円を上限に, その中から報償費として 200 万円, その他経費を支出します。また, 起業する人に 100 万円を上限に支援することによって, 「よそ者, 若者」の視点で, その地域の活性化につながる事業を始めてもらうこともしています。2015 年度には隊員数 2,625 名, 673 団体と, 開始から 7 年目にして隊員数では 3 倍, 団体数は 20 倍になっています。

　この地域おこし協力隊の 8 割は 20 代から 30 代で, 1 年から 3 年の活動期間が終わったあとも約 6 割が同じ地域に定住しています。ここでは, 茨城県北部で地域おこし協力隊として, 人材育成の事業をおこなっている若松佑樹さんを紹介します(茨城新聞 2017 年 4 月 19 日でも紹

介されています）。

　若松さんは，茨城県の企業と学生を結びつけ，数カ月かけて新規事業などを提案，実践していく「実践型インターンシップ」を企画・運営しています。そのインターンシップを通じた地域資源の活用と人材育成に取り組む仕事を起業し，任期を終えたあとも事業を継続していくそうです。

　若松さんは茨城県日立市出身で，東京都内で学生時代を過ごし，卒業後に食農のシンクタンクなどで勤務したのち，茨城県に戻ってきた「Uターン」という形です。このほかにまったく住んだことがない地域に移住する「Iターン」，地方から大都市へ移住した人が生まれ故郷の近くの地域に移り住む「Jターン」などもあります。大学を卒業した後，出身地へ戻るか，まったく知らなかった地域に魅力を感じて移り住むなど，仕事と居住地域をどのように選ぶのかは大きな選択になります。特にこの数年の間に，若い人たちの地方への移住にはいろいろな形が現れています。

　『ソトコト』という月刊誌の編集長をしている指出一正氏は『ぼくらは地方で幸せを見つける』の中で，日本の地方各地で面白い動きをしている若い人たちのことを「ソーシャルネイティブ」と呼んでいます。「個人だけではなく，社会の幸せを考えよう」という時代の空気の中で，小さなコミュニティの属性や多様な嗜好性，仲間との共感性などに価値をおいて行動するという20代から30代半ばくらいまでの世代を表現しています。この著書の中から引用します（指出, 2016：13-14）。

　　かつて，「面白いこと」といえば，東京にあると考えられてきました。カルチャーも人も，最先端で刺激的，憧れる要素が集まる流行発信地。ビジネスで成功したい人にとって東京は魅力的な場所で，何かに挑戦したい若者たちが東京に集まっていた時代が確かにありました。

　　しかし，いまは違います。過疎地といわれる場所や山間部のほとんど知られていない土地で，知性もセンスもある若者たちがその地域を盛り上げようとしています。

　　自分の故郷に伝わる伝承野菜を守りながら，都会と田舎をつなぐ活動をしている若手農家。3.11をきっかけに東北の半島に移住し，地元の漁業や行事を手伝いながら「半島移住」という新しい生き方の提案をしている女性たち。空き店舗が目立つ商店街で商店主と一緒に盛り上げる活動をしている公務員。農具や漁具など鉄の道具をつくる「野鍛冶」として，山の手仕事を継承する人……。

　　やっていることはそれぞれですが，共通しているのは，既成概念や従来の価値観にとらわれずに，自分たちが手ごたえを感じられるものをそれぞれのやり方で模索し，つかんでいっているという点です。

　現代の私たちの社会にはモノがあふれていて，物質的に満たされている成熟社会です。そこで働く私たちにとって，高い給料をもらっても好きなことをする時間がない生活より，少ない給料でも心が満たされる豊かな時間を過ごしたい，人との繋がりから喜びを得たいという「手ごたえ」を感じられるような生活をしたいと思うのは自然なことでしょう。有名大学を卒業して，有名企業で働いていた若い女性社員が過労自殺するような悲惨な職場では働きたくないと考え，行動する若い人たちがいることは，これからの日本を創っていく希望になります。

　新入社員の働くことの意識を調べた調査によると，働く目的として過去最高を更新したのは，「楽しい生活をしたい」が41.7％になり，「人並み以上に働きたいか」については，「人並みで十分」が58.3％となり，「人並み以上に働きたい」を24.1ポイント上回っています（日本生産性

本部, 2016)。現代の若い人たちの「ほどほど感」が表れているといえそうです。

3 課題発見（PBL）型授業

　最近，地域や身の周りの課題を見つける課題発見型 PBL（Project-Based Learning）授業を採り入れる学校や大学が増えています。その背景には，準備された中で段階を踏んでいく系統学習ばかり受けていると，受動的になり，直面する課題に取り組む姿勢が弱くなってしまうという問題があります。また，生活の中でさまざまな実体験が少ないために，自分から社会の問題を発見することが難しかったり，疑問を感じないため，授業の中で取り組んでみようという実践が重視されています。

　PBL 型授業では，まず最初に課題を発見し，次に計画の設定をおこない，情報を収集します。次に，その集めた資料を分析し，解決方法などを考えます。そして最後に文書を作成し，報告をおこないます。1 人ひとりが個別に実践することも可能ですが，グループで話し合いながら進めていくとコミュニケーションの力もついていきます。

　ここでは例として，国連で採択された「持続可能な開発のための 2030 アジェンダ」から，身近な課題を発見していくことを考えましょう。国連の 2030 アジェンダでは「誰一人取り残さない―No one will be left behind」を理念として，国際社会が 2030 年までに貧困を撲滅し，持続可能な社会を実現するための重要な指針を出しています。そこでは，次の 17 の目標（ゴール）が持続可能な開発目標（Sustainable Development Goals：SDGs）として設定されました。

◉世界を変えるための SDGs17 の目標

	貧困をなくそう（あらゆる場所で，あらゆる形態の貧困に終止符を打つ） End poverty in all its forms everywhere
	飢餓をゼロに（飢餓に終止符を打ち，食料の安定確保と栄養状態の改善を達成するとともに，持続可能な農業を推進する） End hunger, achieve food security and iproved nutrition and promote sustainable agriculture
	すべての人に健康を福祉を（あらゆる年齢のすべての人々の健康的な生活を確保し，福祉を推進する） Ensure healthy lives and promote well-being for all ages
	質の高い教育をみんなに（すべての人々に包括的かつ公平で質の高い教育を提供し，生涯学習の機会を促進する） Ensure healthy lives and promote well-being for all at all ages
	ジェンダー平等を実現しよう（ジェンダーの平等を達成し，すべての女性と女児のエンパワーメントを図る） Achieve gender equality and empower all women and girls
	安全な水とトイレを世界中に（すべての人々に水と衛生へのアクセスと持続可能な管理を確保する） Ensure availability and sustainable management of water and sanitation for all

Ⅰ キャリアデザインへのアプローチ

Ⅱ 働く社会について学ぼう

Ⅲ 人生の選択肢

Ⅳ なりたい自分に近づくために

	エネルギーをみんなにそしてクリーンに（すべての人々に手ごろで信頼でき，持続可能かつ近代的なエネルギーへのアクセスを確保する） Ensure access to affordable, sustainable and modern energy for all
	働きがいも経済成長も（すべての人々のための持続的，包括的かつ持続可能な経済成長，生産的な完全雇用およびディーセント・ワークを推進する） Promote sustained, inclusive and sustainable industrialization and foster innovation
	産業と技術革新の基盤をつくろう（レジリエントなインフラを整備し，包括的で持続可能な産業化を推進するとともに，イノベーションの拡大を図る） Build resilient infrastructure, promote inclusive and sustainable industrialization and foster innovation
	人や国の不平等をなくそう（国内および国家間の不平等を是正する） Reduce inequality within and among countries
	住み続けられるまちづくりを（都市と人間の居住地を包括的，安全，レジリエントかつ持続可能にする） Make cities and human settlements incluvie, safe, resilient and sustainable
	つくる責任つかう責任（持続な能な消費と生産のパターンを確保する） Ensure sustainable consumption and production patterns
	気候変動に具体的な対策を（気候変動とその影響に立ち向かうため，緊急対策を取る） Take urgent action to combat climate change and its impacts
	海の豊かさを守ろう（海洋と海洋資源を持続可能な開発に向けて保全し，持続可能な形で利用する） Conserve and sustainably use the oceans, seas and marine resources for sustainable development
	陸の豊かさも守ろう（陸上生態系の保護，回復および持続可能な利用の推進，森林の持続可能な管理，砂漠化への対処，土地劣化の阻止および逆転，ならびに生物多様性損失の阻止を図る） Protect, restore and promote sustainable use of terrestrial ecosystems, sustainably manage forests, combat desertification, and halt and reverse land degradation and halt biodivertiy loss
	平和と公正をすべての人に（持続可能な開発に向けて平和で包括的な社会を推進し，すべての人々に司法へのアクセスを提供するとともに，あらゆるレベルにおいて効果的で責任ある包摂的な制度を構築する） Promote peaceful and inclusive societies for sustainable development, provide access to justice for all and build effective, accountable and inclusive institutions at all levels
	パートナーシップで目標を達成しよう（持続可能な開発に向けて実施手段を強化し，グローバル・パートナーシップを活性化する） Strengthen the means for implementation and revitalize the global partnership for sustainable development

資料：国際連合広報センター〈https://www.unic.or.jp/activities/economic_social_development/ sustainable_development/2030agenda/sdgs_report/〉（最終閲覧日：2021年8月16日）

　この中のどれか1つのテーマを選んで，自分の周りで何か問題として感じるところを取り上げてみましょう。例えば，ジェンダー，働き方，気候変動などから生じている身近な課題は

ありませんか。グループでそのテーマに取り組み，課題を具体的に調査するところから始めて，どんな解決方法が考えられるか，検討してみましょう。より良い社会へ変革していくための解決策は，他の地域での取り組みが参考になる場合も多いでしょう。その中で，地域で関わっている人の話を聴いたり，専門家の意見も参考にして，自分たちの問題として取り組むことが大切です。つまり，「他人ごと」ではなく，「自分ごと」として考えるのです。

4　自分の仕事を創りだそう

　今の時代に存在する職業の多くは，将来は人工知能（AI）で代替されるといわれています。残る職業は，一部の教育やクリエイティブなもので，私たちの職業は変わっていく可能性が高いのです。また，希望する職業に就いたとしても，途中で自分には合っていないと考えて，辞めたくなることもあるかもしれません。以前は一般的であった終身雇用のように，1つの職場で新卒から定年までずっと働くということは難しくなるかもしれません。そのような時に，ぜひ考えてほしいのが，自分で仕事を創りだすという「ジョブ・クリエーション」の考え方です。

　仕事の本質が，人の役に立つことをすることだと考えれば，困っている人を助けることが仕事を生み出すことになります。買い物に行くことのできない高齢者の代わりに買い物をして届ける，家の修理を引き受ける，忙しい両親の代わりに子どもの通院や習い事の付き添いをする，家の清掃を引き受けるなど，身の周りのことでも仕事になります。自分や家族の身の周りのことをしても無償労働で収入にはなりませんが，近所の人や町の住人のための仕事ならば有償労働になります。1つ1,000円の仕事でも，月に30件引き受ければ3万円になるので，自営業など何か他の仕事と組み合わせることで生計を維持することができるようになるかもしれません。それを専業にすることも可能かもしれません。

　都市部では住居費が高いので，収入が低いと生計はひっ迫しますが，地方では住居費は比較的安くすみますし，近所の人と物々交換しながら生活をすることも可能です。ただその時に，自分が本当に売れるスキルをもっているかがカギになるでしょう。それはITスキルやエンジニアリングのノウハウばかりではありません。高いコミュニケーション・スキルでも，人的ネットワークづくりの才能でも，それを生かすことで仕事を創りだすことができるでしょう。ソーシャル・メディアという力強い道具があるので，創造力を発揮して事業を立ち上げることもできる時代です。

IV
なりたい自分に近づくために
〈自分の強みを磨いていこう〉

　みなさんのキャリアは，広い海のように前途洋々としています。どのような人生の航路を進んでいくのかは自分で決めることができます。ここでは，社会の中で必要なスキルについて学び，これからの時代で求められる柔軟な発想や，新しいことに対応する力を養うための体験や課外活動について考えてみましょう。

　また，働き方を選ぶ時に，好きなモノやコトを中心に職場を考えることもできますが，働く場所を中心に考えることもできます。自分の周りの地域で必要とされている仕事を探すのも1つの方法ですし，一緒に働く人たちに魅力を感じるかを考えること，やりがいをもって働く場を見つけることで，楽しく働いていくこともできるでしょう。

第14章　求められる能力とスキル

社会の中で働いていく時に必要な基礎力にはどのようなものがあるのか考えてみましょう。多くの職場ではまず「コミュニケーション力」が重要だといわれます。これは周りの人を理解し，自分を理解してもらうために必要な相互作用の力です。同時に現代のような情報社会では，さまざまな情報を取り扱う力も大切です。これを「情報・メディアリテラシー」と呼びます。次に，考え，問題を解決する力です。これは問題を発見して解決したり，新しい方法を考え出す力で，変化の激しい毎日の中でいかに問題に対処するかが大切になります。さらに，周りの人と良好な関係を築きながら，自分中心にならないようにしながら，責任をもって社会の中で生きていくために「対人関係力・自己規制力」が必要です。

●働くために必要な基礎力

(1) 情報・コミュニケーション力（Information and communication skills）

情報・メディアリテラシー，コミュニケーション力

(2) 思考・問題解決力（Thinking and problem-solving skills）

分析力，問題発見・解決力，創造力

(3) 対人関係力・自己規制力（Interpersonal and self-directional skills）

協働力，自己規制力，責任感，協調性，社会的責任

このような基礎力は，みなさんが成長する中で自然と身についていくものですが，学校の中でさまざまな教科を学んだり，友達といっしょに何かに取り組んだりすることを通して得られるものです。大学でキャリア教育がおこなわれるようになった背景には「学生が卒業後，自らの資質を向上させ，社会的および職業的自立を図るために必要な能力を培うことができるようにする」（文部科学省）という目的のもと，「社会で活躍していくために必要な力」（経済産業省）を身につけてもらいたいという産業界からの要請もあります。

厚生労働省（2013a）によると，新規学卒者の採用選考にあたり重視した点では，一番に「職業意識・勤労意欲・チャレンジ精神」が82.9%，二番に「コミュニケーション能力」67.0%，三番が「マナー・社会常識」63.8%となっています。8割以上の職場の働く現場では，意欲や前向きに取り組む精神的な力が最も重要だと考えられているのです。

一方，これより10年ほど前の調査では，「採用時に重視する能力」として大学卒レベルの者に対して求めているとされたのは「コミュニケーション能力」85.5%，「基礎学力」66.9%，「責任感」62.0%，「積極性・外向性」61.3%となっています（厚生労働省，2004）。この10年ほどの間に，コミュニケーション能力よりも，むしろ精神的な力が重視されるようになってきているようです。

1　社会人基礎力とは

社会の中で周りの人たちと協力しながら仕事を進めていくために必要な能力として，経済産業省が定義したのが「社会人基礎力」です。この中には，大きく分けて3つの力があり，それぞれの力はいくつかの能力要素に分かれています（図14-1参照）。

学生のみなさんは，学校生活を通してさまざまな教科の勉強をしてきているので，「考え抜

〈3つの能力／12の能力要素〉

前に踏み出す力（アクション）

〜一歩前に踏み出し，失敗しても粘り強く取り組む力〜

主体性	物事に進んで取り組む力
働きかけ力	他人に働きかけ巻き込む力
実行力	目的を設定し確実に行動する力

考え抜く力（シンキング）

〜疑問を持ち，考え抜く力〜

課題発見力	現状を分析し目的や課題を明らかにする力
計画力	課題の解決に向けたプロセスを明らかにし準備する力
創造力	新しい価値を生み出す力

チームで働く力（チームワーク）

〜多様な人々とともに，目標に向けて協力する力〜

発信力	自分の意見をわかりやすく伝える力
傾聴力	相手の意見を丁寧に聴く力
柔軟性	意見の違いや立場の違いを理解する力
状況把握力	自分と周囲の人々や物事との関係性を理解する力
規律性	社会のルールや人との約束を守る力
ストレスコントロール力	ストレスの発生源に対応する力

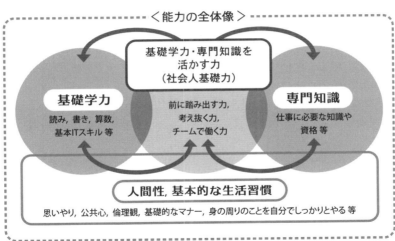

〈能力の全体像〉

基礎学力・専門知識を活かす力（社会人基礎力）

基礎学力
読み，書き，算数，基本ITスキル 等

前に踏み出す力，考え抜く力，チームで働く力

専門知識
仕事に必要な知識や資格 等

人間性，基本的な生活習慣
思いやり，公共心，倫理観，基礎的なマナー，身の周りのことを自分でしっかりとやる 等

資料：経済産業省HP

図 14-1　社会人基礎力

く力（シンキング）」をつけている人が大半です。それに対して「前に踏み出す力（アクション）」や「チームで働く力（チームワーク）」は弱い傾向があります。これは，日本の学校生活の中では知識を覚えることに重きが置かれていて，自分で考えたり，友達と一緒に一から何かをつくりだす経験が少ないためだと思われます。これから社会に出るまでに，ぜひいろいろな体験をして，自分に必要な力をつけていってください。

　人間の能力は個人によってさまざまで，それが個性となっています。自分の能力や性格などは変えられないと思いがちですが，いろいろな経験や人とのかかわりの中で影響を受けて変わっていくこともあります。また，自分が身につけたい力を意識することで，どのような体験をしたらいいかがわかっていくこともあるでしょう。

　ここでは社会の中で働いていく時に必要とされる力について，特にこれからみなさんが磨いていくことができる性格スキルについて学んでおきましょう。

　心理学では，性格スキルを分析する上でビッグファイブと呼ばれる分類があり，「開放性（Openness）」「真面目さ（Conscientiousness）」「外向性（Extraversion）」「協調性

　人の能力をみる方法には，ここで紹介している「社会人基礎力」のほかに，経済学から人材をみる研究として，「認知能力」と「非認知能力」に分ける方法があります。学力テストで測れる能力として物事を認知する能力を「認知能力」とし，個人的資質として「非認知能力」としています。この２つの能力のうち「非認知能力」は「性格スキル」ともいえるもので，学力のようには測れないもので，学歴，賃金など労働市場での成果，健康，犯罪など幅広い人生の結果に影響を与えるといわれています。

（Agreeableness）」「精神的安定性（Emotional Stability）」の５つを基本的な形質の次元としています。

　「開放性」とは，新たな美的，文化的，知的な経験に開放的な傾向をもつことで，好奇心，想像力や審美眼を示します。「真面目さ」とは，計画性，責任感，勤勉性の傾向をみていて，自己規律，粘り強さ，熟慮のことです。「外向性」とは，自分の関心や精力が外の人に向けられる傾向について，積極性，社交性，明るさを示します。「協調性」とは，利己的でなく，協調的に行動できる傾向のことで，思いやり，やさしさを示します。「精神的安定性」とは，感情的反応の予測性と整合性の傾向ととらえられていて，不安，いらいら，衝動が少ないという資質を示します。

　国際的にも教育と労働の関係については比較があり，「真面目さ」や「外向性」は国を超えて，仕事に就いてからのパフォーマンスに影響を与えることが確認されています。

　日本では，性格スキルが形成される場所として家庭に着目した研究があり，成人後の労働所得に与える影響として，子どもの頃の躾との関係を調べています。労働市場の評価に与える影響として，４つの基本的モラルを挙げていて，「うそをついてはいけない」「他人に親切にする」「ルールを守る」「勉強する」の４つになっています。

　このように，性格スキルは幅広く学歴や職業で重要であって，性格スキルを高めることで職業人生が開いていく可能性があると考えられています。

２　職場で求められる人材

　職場で求められる人材とは，最初から特殊な技能や資格をもっている人ではありません。「社会生活ができる普通の人」が求められているのです。知識や技術は入社してから，研修などを通して習得しますので，初めから特別な知識などが求められることはありません。職場で求められるのは，「やる気のある人，時代の変化に対応できる人」なのです。

　これまでの製造業中心の産業社会で求められてきたのは，指示に従って効率的に業務を遂行することができる人材でした。しかし，情報通信や人工知能などが高度に発達した現代の社会では，新しい発想や柔軟な見方が求められています。誰も考えていなかったことや見落としていたものを，オリジナルな視点で作り出すことができる人材，異なる分野の融合から新しい発想でモノやサービスを創造できる人材が，新しい価値を生み出す人として貴重な存在となります。言われなくても，考えて動けるということが大事になってくるのです。

　このように職場で求められている働く意欲やチャレンジ精神は，困難な課題にも新しい発想で取り組むことができる力です。これはどのように高めていくことができるのでしょうか。

　大学に入学した当初，大学生の多くは控えめで自分から積極的に行動することが少ないといわれます。それでも，授業を通して知識を得たり，グループワークで友達と協力して課題に取

---

1) ここでは，鶴（2016）を参考にしている。

り組んだりする中で，自信をもって行動できるようになる人も多くいます。

　人が自分自身について，どのように感じるのかという感じ方のことを「自尊感情」と呼びますが，自己の能力や価値についての評価的な感情や感覚が弱いと前に踏み出すことはなかなかできません。はじめはこのような自尊感情が低くても，授業の調べ学習やグループ学習を通して，自分自身で自己への尊重や価値を評価できるようになると，自分に対して「これでよい（good enough）」と感じるようになります。それと同時に，調べ学習の中で，情報を取り扱う上での理解や情報手段を選択，収集，活用，発信することができる情報リテラシーを身につけ，グループワークで発表できると，自尊感情も高められることが研究の結果にも出ています（旦，2016）。

　大学の授業や課外活動などを通して，自分に対する自信をもてるようになると，チャレンジする力や前に踏み出す力も高められるはずです。みなさんもぜひ，ちょっと難しいと思われるようなことにもチャレンジして，力をつけていってください。

　その時，失敗を恐れないで一歩前に踏み出すことが大切です。失敗から学べることも多いですし，若い時にたくさん失敗した人は，困難に直面してもきっと乗り越えていくことができます。「失敗は成功のもと」なのです。

③ コミュニケーションスキル

　コミュニケーションスキルというと，自分が伝えたいことを言うことだと思われがちですが，実際には，相手が言いたいことをつかんで理解し，それに対応することです。つまり，相手のことを想像しながら言葉を選び，話すことなのです。

　コミュニケーションの力を高めるためには，ディスカッションの練習が役にたちます。自分の考えを述べたり，相手の意見を理解した上で建設的な議論ができるようになるといいですね。異なる見方を遠慮なく述べ合うことで，いろいろな考え方や見方が理解できるようになり，新しい発想もできるようになるでしょう。そのためには，常に社会の出来事に関心をもって，いろいろな人の意見に耳を傾けます。そして，自分はその出来事に対して，どのように考えるのか，意識するようにしていくと，自分の意見をもてるようになり，その根拠を示せるようになります。意見の背後にある根拠を論理的に説明できれば，説得力も増して，議論ができるようになるでしょう。

◈自分の強み発見

　あなたは，自分の強みが何だか知っていますか？　自分の短所についてはよく自覚していても，自分の長所は，人に言われないとわからないことが多いものです。家族や親しい人に自分の長所を聞いてみると，よくみてくれているんだなと嬉しくなります。反対に，短所を指摘されると，自分でもそうは思っていても嫌な気持ちになります。そこで，短所を長所に言い換えてみましょう。

　ワークシート⑪（☞ p.95）を使って，短所を長所に言い換えます。まず，ワークシート⑥（☞ p.15）で3人に聞いた自分の長所と短所を書き写してください。次に，短所を長所に書き換えます。この時自分でやるのでなく，隣の人に書き換えてもらってください。例えば「せっかち」という短所は，「すぐに行動に移せる」と言い換えることもできます。「自分の部屋がいつも散らかっている」という欠点は，「小さなことは気にしない」などと書き換えられます。少し飛躍しすぎだと思っても，言い換えてみるのも楽しくなります。

　全部の短所を長所に書き換えたら，元の人に返してください。返ってきた長所ばかりのワークシートを見るのは，何だかとても嬉しい気持ちになりますね。その後，ワークシート⑪の下に，自分がもっている強み（セールスポイント），これから身につけたい強み（セールスポイント）を書き出しておきましょう。

　次にここで紹介するのは，現役の大学生が実際に『ネガポ辞典』（ネガポ辞典制作員会，2013）という言い換え方法を辞書としてまとめたものです。ネガティブな表現をポジティブな言い方に言い換えることで，明るい気持ちになって，前向きになれるので，自分の弱点にばかり目がいってしまう人には，おススメです。

　また，カードゲームで『短所を長所に変えたいやき』（株式会社アイアップ）というものもあります。「ずうずうしい」が「押しが強い」，「行き当たりばったり」が「臨機応変」，「浪費家」が「太っ腹」，「心配性」が「用心深い」，「引っ込み思案」が「控えめ」などと言い換えられることが，たいやきカードを裏返すことで示されています。

　このように，自分の短所も長所としてみることができると，自分に自信をもてたり，明るい気持ちになったりするでしょう。大学生は自尊感情が低い人が多いといわれますが，見方を変えたり，言い換えをすることによって，気持ちの持ちようも変わることを知っておいてください。

ワークシート⑪〈短所を長所に置き換えよう〉

● 3人の人に聞いた自分の長所と短所を書き出します
● 隣の人とワークシートを交換し，右端の欄に短所を長所に読み替えて書いてください
● 自分がもっている強み，これから身につけたい強みを書きます

私の長所は,	私の短所は,	短所→長所
	▶	
	▶	
	▶	
	▶	
	▶	
	▶	
	▶	
	▶	
	▶	
	▶	

■ 私がもっている強み（セールスポイント）は,

■ 私がこれから身につけたい強み（セールスポイント）は,

Ⅰ　キャリアデザインへのアプローチ

Ⅱ　働く社会について学ぼう

Ⅲ　人生の選択肢

Ⅳ　なりたい自分に近づくために

第15章　学生時代の過ごし方

1 異文化体験

　日本は世界でも稀にみるほど安全で衛生的なところですが，そこにずっと住んでいるとそれが当たり前になってしまいます。そこで常識と思われることがそうではないということを体験できると，安全で安心なことの価値が改めてわかります。海外へ行ってみたり，知らない場所を訪れてみたり，外国人に接してみる体験ができると，自分が知らなかった世界を知ることができて，考え方の幅が広がります。

　このような異文化体験は，外国語を学ぶことを通して，その言語の背景にある文化を知ることでも得られます。また，外国から来た留学生との交流活動に参加したり，地域に住んでいる外国人と何か一緒にするだけでも，習慣や感覚の違いに触れることになります。当たり前と思っていたことが違うという世界があることを知るだけでも意味があります。ただ実際には，言葉が通じない環境で生活してみるのが最も「アウェイ」な体験として衝撃は大きく，視野が広がることになるでしょう。

　若い時期に異文化体験をすると，柔軟な発想ができるようになったり，価値観が異なる人を受け入れることができるようになり，適応力が増します。これからの社会では，海外の人たちと協力しながら仕事をしていくケースも増えますから，異文化体験にもぜひチャレンジしてみてください。

2 就業体験インターンシップ

　インターンシップとは，学生が在学中に自らの専攻や将来のキャリアに関連した就業体験をおこなうことで，もともとは研修や見習い期間のことを指していました。欧米では100年以上の歴史があり，アメリカでは夏休み中に就業体験をする高校生や，長期にわたってインターンとして働く大学生も多くいます。日本のように新卒一括採用する慣習のない欧米企業では，数カ月にわたって働き方や資質をみるインターンは，優秀な学生を獲得する手段の1つになっています。

　日本では新規学卒で一括採用した社員に自前の研修をおこない，職業意識や技能を高める教育訓練を施す方法で人材育成をしてきましたが，新卒者の3割が3年以内に離職するといわれるように，若手社員の離職率が高くなっているのが現状です。その背景には，現在の就職活動では，採用側の求める人材と学生の期待のミスマッチが起きてしまって，企業側は学生の本当の資質を見極められないこと，学生は企業で働くことの本当の姿を想像できていないという現状があります。

　このような現状があるため，学生が企業などで実習や研修的な就業体験をするインターンシップ制度は現在，文部科学省，厚生労働省，経済産業省から，さまざまな意義があるものとして推奨されています。学生の立場からは，自分の適性や将来設計を考える機会となり，就職後の職場への適応力や定着率の向上につながると考えられています。一方企業の立場からは，特に中小企業の魅力発信，業務内容の理解を深めることを通して，就業希望の促進が可能になるほか，若手人材の育成にも効果があると位置づけられ，採用にも結びつくものと期待されています。

アルバイトも就業体験ではあるものの，一定の作業による給与をもらう働き方であるのに対して，インターンシップはさまざまな仕事や職場全体を学べるようなプログラムになっています。アルバイトでは体験できない仕事を体験することが特徴になっています。最近では企業だけでなく，自治体などでもインターンシップの受け入れには積極的なところが多くなっています。特に 1 週間以上の長期のインターンシップが職場での就業体験としてはお勧めです。

現在，若年層の離職率については「7・5・3」現象といわれ，新規に学校を卒業した人のうち，中学卒では 7 割，高校卒で 5 割，大学卒で 3 割が 3 年以内に離職しています。これを雇用のミスマッチともいいますが，若い時には自分が何に向いているのか，何が本当にやりたいのかわからないことが多いため，離職率が高いのも不思議ではありません。

日本の雇用慣行では，新卒で採用されないとなかなか後で正社員として雇用してもらえないため，新卒時が最も選択肢が多くなっているという現状があります。そのため，実際に就業体験としてインターンシップを経験すると，職場理解が深まり，自分がどのような職場で働きたいのかが明確になるというメリットもあります。

3　地域の課題発見

現在の私たちの社会は，産業社会から情報通信社会へ飛躍していると考えられます。これは，第四次産業革命とも呼ばれるような大きな変革の時で，情報通信産業の発展とともに，ソーシャル化，コミュニケーション革命が進んでいるということです。今までのタテ社会のヒエラルキー（階級）中心社会が，平らになったフラット化した社会では，どのような力が必要なのか，トーマス・フリードマン（2008）から考えてみましょう。

情報通信の革命によって，私たちの生活の中では，知識は頭の中で覚えていなくても，検索することによって即座に手に入ります。したがって，まず第一に「学び方を学ぶ能力」が必要になります。第二には「熱意と好奇心」ということです。面白いと思ったり，一生懸命に打ち込むということがなければ何も進まないのです。第三には「人間好き」ということで，他者と交流したり，他者の立場で考えることができるという力です。そして，第四には「ハイ・コンセプトとハイ・タッチ」の能力とされています。これは直感力ということです。

大学では知識を吸収することも大切ですが，どのように学ぶのかということを意識するようにしてみると，新しい現象が現れた時に，それにどう対処するのかということが考えられるようなるはずです。それは何かの課題でも，人間関係でも，グループの問題でも，同じように対処する方法を考えるということです。その時に熱意をもって取り組むことができれば，解決方法が見い出せたり，新しいプラットフォームに上れたりするでしょう。「やる気」が必要といわれるのは，ここでの前向きな姿勢です。

また，自分一人では発想の転換ができない時には周りの人に意見を聞いてみたり，話し合ったりして，他者の立場や考え方を取り込むことも必要です。そこから新しい方法や考え方が生み出せるかもしれません。直観力については，いろいろな経験をしていると共通点がみえたり，失敗から学べたことが活かせたりするので，自分の気持ちに素直になることも必要です。

※ SDGs をつかってみよう

それでは，どのように地域の課題を見つけていくのか考えてみましょう。具体的な課題を思いつかない場合には，p.85 の「3　課題発見（PBL）型授業」で紹介した SDGs（持続可能な開発目標）を使ってみてください。たとえば，大学のキャンパスのなかで，気になることはありませ

Ⅰ　キャリアデザインへのアプローチ

Ⅱ　働く社会について学ぼう

Ⅲ　人生の選択肢

Ⅳ　なりたい自分に近づくために

んか。

　①貧困をなくそう，のゴールでは，地域の子ども食堂や中学生の勉強サポートだけでなく，学生のなかにも教科書を買えなくて困っている友だちがいるかもしれません。使い終わった教科書を大学のなかでリユースするシステムを考えることもできるでしょう。これは，④質の高い教育をみんなに，のゴールにも通じるものです。

　また，キャンパス内のお店などで飲み物を買うときに，ペットボトルの飲料を買う人が大多数ですが，ペットボトル廃棄の問題を考えると，⑫つくる責任つかう責任，⑭海の豊かさを守ろう，⑮陸の豊かさを守ろう，にもつながる問題として，とらえる必要があります。環境汚染の問題は深刻ですし，プラスチックは⑬気候変動に具体的な対策を，のゴールに直結する課題です。マイボトルを持参したり，給水機を使うなど，身近なところから周りの人を巻き込んで，地域のなかで行動変容を促すこともできるはずです。

　あるいは，⑤ジェンダー平等を実現しよう，についてはどうでしょうか。自分が関わっているサークルやイベントなどで，リーダーはいつも男性で女性は常にアシスタントの役割になっていることはありませんか。応募する会社の女性社員だけが制服を着ていることに疑問を感じたり，女性だけが職場選びのときに，結婚や出産しても続けられるかを考えなければいけないのはなぜなのか，考えてみましょう。さらに，性的マイノリティーの人たちに対して，私たちがもっている無意識の偏見や思い込みによって，傷ついている人がいるかもしれません。これらの課題は，⑯平和と公正をすべての人に，⑰パートナーシップで目標を達成しよう，などのゴールにつながるものとして，みんなで学び合いながら，課題として克服することを目指せます。

　ヒエラルキーに基づかないフラット化した社会では，本来は年齢や出身，性別や嗜好にかかわらず誰でも臆することなく活躍できるはずです。私たちは，自分の地域の中で課題を発見することから，仕事を生み出すことができるという意識で毎日を過ごしてみればよいのではないでしょうか。そこから自分で解決方法を考え，仲間と取り組み，楽しくやりがいをもって働いていくようにすれば，社会はもっと自由で伸びやかな才能を活かせるようになるでしょう。

第16章　とにかく前進！ Think globally, act locally！

　1980年代までの日本では，特に若年層の都市部への労働移動があり，大企業を中心とした就職先が学生たちの人気を集めました。しかし，バブル経済の崩壊と共に，1990年代には金融機関をはじめとする大企業が不良債権の処理に苦しみ，採用を減らしたため，新卒で就職できない学生がアルバイトや派遣社員などとして社会に出ていくことになりました。正社員でない有期雇用のフリーターになった人たちは，その後も正社員としての仕事に就けないまま30代を迎え，所得が増えないことが問題になりました。

　そして2011年3月の東日本大震災の後，東北地方の復興のために，政府のさまざまな振興策が計画され，実行されています。それに加えて，学生や社会人も継続的に東北地方を訪問したり，実際に移り住んで地域の中で仕事をしていくというライフスタイルが少しずつ拡がっています。さらに，2020年春からは，新型コロナウイルスのパンデミックによって，外出制限やリモートワークが推進されるようになり，人口の密集している都市部から郊外へ移り住む人が増えています。通勤にかけていた時間を地域や家庭のなかで有効に使うことによって，生活の豊かさを実感している人も多いでしょう。私たちは，大きな災害を経験して，人生のなかで大切なものは何か，どのような働き方や社会が望ましいのか，と問い直すことになったといえます。

　この背景には，東京を中心とする大都市で長時間労働が蔓延して，若い人たちの生きにくさがあるのではないかと思われます。新卒で就職しても，きちんとした研修を受けられずに仕事の責任は負わされて疲弊する先輩たちを見て，就職活動に前向きになれなくなるのも不思議ではありません。

　高い収入よりも，やりがいや人との繋がりを求めて地方へ移住したり，自分らしい仕事をするために小さなコミュニティの中で助け合って生きていこうという人たちも出てきています。そのような自分の周りの人や地域を大切にしていこうという傾向は日本だけのことではありません。

　金融資本主義が優勢となる中で，先進国でも貧富の格差が広がり，人口のわずか数パーセントの人たちが富を独占する社会に対する拒否反応は，国際的にも拡がっています。アメリカでは，"Occupy Wall Street" という運動として多くの参加者がデモンストレーションを行い，金融機関で儲ける人たちに抗議活動で反対を表明しました。

　ハンバーガーに代表されるファーストフードによる健康への悪影響に対して，スローフードとして，丁寧に食料を作って食べることがヨーロッパやアメリカでも賛同を得ています。これも生産者との繋がりや昔からの方法で食べ物を作ったり料理したりしようという運動といえるでしょう。

　人口減少や産業の衰退に苦しむ地域のために役にたちたいという若い人たちは，地元の若い人たちだけでなく，その地域と何らかの関係をもっています。魅力を感じる伝統産業があるとか，その地域の人と知り合って魅力を感じた，などさまざまでしょう。やりがいがあれば，感謝されてがんばろうと思えるなど，繋がりや情熱が重要になってきています。

　そのように地域で仕事をしていく際に大切なのは，お金ではなく人との関係性なのです。

　ただし，もともと高齢化や産業の衰退がある地域がほとんどなので，仕事を造り出していくためには新しい発想や方法が必要です。そのためには，外の世界を知った上で，その地域に合った方法を考えたり，今までにない組み合わせで仕事を進めたり，地域の人たちを巻き込んで

Ⅰ　キャリアデザインへのアプローチ

Ⅱ　働く社会について学ぼう

Ⅲ　人生の選択肢

Ⅳ　なりたい自分に近づくために

いくこともしないといけません。つまり，外の世界を知った上で，その地域に合った方法を生み出す "Think globally, act locally" という考え方と行動が必要なのです。

　現在，地球規模の課題として，温暖化による気候変動の問題がクローズアップされています。これは，今後地球に生息する生き物すべてに関わる重大な課題として，私たち一人ひとりが生活や仕事のやり方を変容させていかなくてはいけないということを意味しています。次の世代に豊かな地球環境をバトンタッチするためにも，身近なところから，私たちの行動が問われています。

あとがき

　社会に巣立っていく若い人たちは，前途洋々とみえる中でも不安そうにしていますが，きっと着実に一歩一歩，前に進んでいかれることでしょう。現代のように，複雑化してスピード化が進んでいる社会に歩み出ることは勇気がいることだと想像します。そのため学生たちは，就職活動は「たいへん！　怖い！」などと構えます。そして，就活の第一歩でつまずいてしまうと，その挫折感から「もう無理だ」と就職すること自体をあきらめてしまうこともあります。

　私が社会人になった1980年代前半は，4年制大学卒の女性にとって，就職先を探すこと自体がたいへんなことで，短大卒の方が就職には有利な状況でした。縁故採用で大企業に入る同級生や，短大卒待遇でも就職できるならという友達もいました。そのような環境の中で私は，たまたま親友が就職指導室の掲示板で見つけてきてくれた外資系企業の新卒一期生募集に運よく採用され，社会人として働き始めることができました。

　外資系企業ならば，男女平等でやりがいのある仕事をさせてもらえるだろうと期待していましたが，日本支社の上司はみんな男性，女性は秘書の人たちばかりで，お手本になる人は見当たりませんでした。それでも何とか楽しく仕事ができたのは，一緒に入社した同期生たちと，時には勉強もしながら，励まし合えたからだと思います。

　数年後に転職した先の輸入商社では，国際事業に携わることができたので，海外にも親しい同僚や先輩ができて，多くのことを教えてもらい，海外でのビジネスの進め方も学びました。さらに3社目の外資系金融機関では，最先端の金融技術を使った資産運用の世界でマーケティングに携わることになり，優秀な上司や同僚たちと充実した仕事ができました。そのまま仕事を続けていたら，きっと私は「仕事はできるが効率第一で冷徹な人」になっていたと思います。

　そんな私の転機になったのは，仕事と子育てとの両立でした。2人目の子どもが1歳になり，育児時間がなくなって通常勤務に戻った時に，保育園のお迎えの時間に間に合わなくなってしまったのです。区立保育園の園長先生には「職員も6時にはカギを閉めて帰りますので，お母さん，自転車で駅から急いで，5分前には来てください」と言われました。いつも時間ぎりぎりのお迎えで，子どもたちをせかしてばかりの毎日だったので，このままでは仕事も子育てもうまくいかないと，後ろ髪を引かれる思いで退職を決断しました。

　しかし，「ピンチはチャンスに！」と考え，受験して大学院へ入学し，子育てをしながら学位を取得，時間を有効に使うことも覚えました。十数年の会社員生活のあとで勉強できたことは，私にとって大きな収穫となり，学ぶことの喜びを感じました。その後は，自分の働きやすい環境をつくるためにビジネスコンサルティングの分野で起業し，大学で国際経済学や社会保障論を教え始めました。

　一方，大学院の博士後期課程の時に3人目の子どもを出産し，子育てと研究・ビジネスの両立を何とかやりくりしていましたが，思うようにいかないことも多く，この時期に忍耐力が養われたと思っています。また，子どもを通して学校や地域社会をみた経験から，教育の大切さに気づき，子どもの成長に寄り添うことが大切だと実感するようになりました。仕事と子育ての両立で試行錯誤したことが，回り道だったようにも思えますが，全て自分の成長の糧になったと思っています。

　現在，働き方の問題が大きく取り上げられ，仕事だけでなく，プライベートの時間も大切にできる社会を目指す方向が打ち出されています。男女ともに幸せな毎日を過ごすために，ワ

ーク・ライフ・バランスが重要になっています。社会経済が大きく変化している今だからこそ，私たちは既成概念にとらわれないで，新しい発想で働くことについて考える必要があるでしょう。

　これからの時代では，1人ひとりが力をつけて，自分の仕事を創り出すという姿勢でチャレンジしていかなくてはなりません。多くの地域では，人口減少や過疎化によって，地域の社会経済が衰退しています。しかし，そこで育った人たちは，地元に愛着をもっていますし，地域のために働きたいと思っています。そこで，いかに地域社会の中で仕事を創りだしていかれるかが重要になってきます。そのために，この『自立へのキャリアデザイン―地域で働く人になりたいみなさんへ』が少しでも，お役にたてば幸いです。

　この本のベースになったのは，『恵泉キャリアデザインガイド』として恵泉女学園大学で発行した小さなテキストで，その内容を大幅に書き加える形で作りました。今まで一緒にキャリア教育に関わり，協力してくれた教員や職員のみなさまに感謝いたします。

　また，日本キャリアデザイン学会においては，キャリア教育について学ぶところが多く，さまざまな意見や議論を通して今後の方向性について多くの示唆を得られました。会員のみなさまに感謝いたします。

　そして，茨城県水戸市にある常磐大学でキャリア教育に携わることによって，地域で働くためのキャリアデザインについて考える機会を得ることができました。さらに今後，キャリア教育をともに創り上げていくために手を挙げてくださった教員のみなさまに感謝いたします。

　そして何よりも，素直な姿勢でキャリア教育を受けてくれている学生のみなさんから，私はいつも多くのことを学ばせてもらい，心から感謝しています。若い成長の力を間近にみることができて，いつも本当に嬉しく思い，それが前に進む私の原動力になっています。

　最後に，この本の出版を快く引き受けてくださったナカニシヤ出版の米谷龍幸さんに謝意を表したいと思います。

2017 年 8 月

旦まゆみ

引用・参考文献一覧

阿部正浩・松繁寿和［編］（2014）．『キャリアのみかた―図でみる 110 のポイント改訂版』有斐閣

生駒俊樹・梅澤　正（2013）．『キャリアデザイン支援と職業学習』ナカニシヤ出版

井手英策（2015）．『経済の時代の終焉』岩波書店

『茨城新聞』2017 年 4 月 19 日

茨城労働局（2016）．「知って役立つ労働法」

上西充子（2009）．「大学生の現状とキャリア形成支援」小杉礼子［編］『叢書・働くということ⑥　若者の働き方』ミネルヴァ書房，pp.201–204.

大久保幸夫（2016）．『キャリアデザイン入門Ⅰ―基礎力編 第 2 版』日本経済新聞出版社

大沢真知子（2006）．『ワークライフバランス社会へ―個人が主役の働き方』岩波書店

岡部佳世・旦まゆみ（2013）．「農村女性起業家の事業継続を支援するための調査・分析・ネットワーク開発に関する研究」『KFAW 調査研究報告書』2012(2)

金井良太（2013）．『脳に刻まれたモラルの起源―人はなぜ善を求めるのか』岩波書店

金山喜昭・児美川孝一郎・武石恵美子（2014）．『キャリアデザイン学への招待―研究と教育実践』ナカニシヤ出版

金子元久（2007）．『大学の教育力』筑摩書房

苅谷剛彦［編著］（2014）．『「地元」の文化力―地域の未来のつくりかた』河出書房新社

グラットン，L.／池村千秋［訳］（2012）．『ワーク・シフト―孤独と貧困から自由になる働き方の未来図「2025」』プレジデント社（Gratton, L.（2011）. *The shift: The future of work is already here*. London: William Collins.）

グラットン，L.・スコット，A.／池村千秋［訳］（2016）．『LIFE SHIFT―100 年時代の人生戦略』東洋経済新報社（Gratton, L., & Scott, A.（2016）. *The 100-year life: Living and working in an age of longevity*. London: Bloomsbury.）

玄田有史（2004）．『ジョブ・クリエイション』日本経済新聞社

厚生労働省（2004）．「若年者の就職能力に関する実態調査」

厚生労働省（2013a）．「平成 25 年若年者雇用実態調査」

厚生労働省（2013b）．「平成 25 年就労条件総合調査結果の概要」

厚生労働省（2016）．「21 世紀成年者横断調査」

厚生労働省（2017）．「第 22 回完全生命表」

国税庁（2016）．「民間給与実態統計調査」

小杉礼子［編］（2007）『大学生の就職とキャリア―「普通」の就活・個別の支援』勁草書房

児美川孝一郎（2007）．『権利としてのキャリア教育』明石書店

坂本光司（2014）．『人に喜ばれる仕事をしよう―感動，感激，感謝される会社のつくり方』WAVE 出版

坂本光司・坂本光司研究室（2015）．『「日本でいちばん大切にしたい会社」がわかる 100 の指標』朝日新聞出版

指出一正（2016）．『ぼくらは地方で幸せを見つける―ソトコト流ローカル再生論』ポプラ社

清家　篤（1998）．『生涯現役社会の条件―働く自由と引退の自由と』中央公論社

総務省統計局（2017）．「労働力調査」（平成 29 年 1 月）

武石恵美子（2016）．『キャリア開発論―自律性と多様性に向き合う』中央経済社

橘木俊詔（2015）．『日本人と経済―労働・生活の視点から』東洋経済新報社

旦まゆみ（2016）．「キャリア教育における自尊感情と情報活用の実践力」（日本キャリアデザイン学会第 13 回研究大会）

鶴光太郎（2016）．『人材覚醒経済』日本経済新聞出版社

電通（2017）．「2016 年日本の広告費 媒体別広告費」〈http://www.dentsu.co.jp/knowledge/ad_cost/2016/media.html（最終閲覧日：2021 年 8 月 16 日）〉

ドーア，R. P.／石塚雅彦［訳］（2005）．『働くということ―グローバル化と労働の新しい意味』中央公論新社

内閣府（2016）．「国民生活に関する世論調査」

中野　明（2016）．『マズロー心理学入門』アルテ

名雲しげみ（2010）．「就活前に知ろう！―パーソナリティタイプ診断」『Circular 理工サーキュラー』*39*(143), 12–13.

日本キャリアデザイン学会［監修］（2014）．『キャリアデザイン支援ハンドブック』ナカニシヤ出版

日本経済新聞社・日経リサーチ（2017）.「働き方改革を巡る意識調査」

日本生産性本部（2016）.「平成 28 年度 新入社員「働くことの意識」調査結果」

日本取引所グループ（2016）.「2015 年度株式分布状況調査結果の概要」

ネガポ辞典制作委員会［編］（2013）.『ネガポ辞典 実践編―ネガティブな言葉をポジティブに変換』

廣瀬泰幸（2015）.『新卒採用基準―面接官はここを見ている』東洋経済新報社

フリードマン, S. D. ／塩崎彰久［訳］（2013）.『トータル・リーダーシップ』講談社（Friedman, S. D. (2008). *Total leadership: Be a better leader, have a richer life*. Boston. MA.: Harvard Business Press.）

フリードマン, T. L. ／伏見威蕃［訳］（2008）.『フラット化する世界』日本経済新聞社（Friedman, T. L. (2007). *The world is flat: A brief history of the twenty-first century*. New York: Picador.）

本田由紀（2008）.『軋む社会―教育・仕事・若者の現在』双風舎

増田寛也（2014）.『地方消滅―東京一極集中が招く人口急減』中央公論新社

三戸　浩・池内秀己・勝部伸夫（2011）.『企業論 第 3 版』有斐閣

椋野美智子・田中耕太郎（2017）.『はじめての社会保障 第 14 版』有斐閣

労働政策研究・研修機構（2007）.「大学生と就職―職業への移行支援と人材育成の視点からの検討」労働政策研究報告書, *78*〈http://www.jil.go.jp/institute/reports/2007/078.html（最終閲覧日：2021 年 8 月 16 日）〉

渡辺三枝子・ハー, E. L.（2001）.『キャリアカウンセリング入門―人と仕事の橋渡し』ナカニシヤ出版

Dan Negishi, M. (2006). *A study on the reform of corporate retirement benefits: US-Japan comparative institutional analysis*. Yushodo.

Lazear, E. P. (1979). Why is there mandatory retirement?, *Journal of Political Economy*, *87*(6), 1261–1284.

NIRA 総合研究開発機構「コンパクトな産業集積へ―柔軟なネットワークで支える」（NIRA 研究報告書（2016 年 11 月））〈http://www.nira.or.jp/outgoing/report/entry/n161130_833.html（最終閲覧日：2017 年 6 月 21 日）〉

Super, D. E., Savickas, M. L., & Super, C. M. (1996). The life-span, life-space approach to careers. In D. Brown, L. Brooks, & Associates (eds.), *Career choice & development* (3rd ed.). San Francisco: Jossey-Bass, pp.121–178.

索　引

執筆者紹介

旦まゆみ（だん・まゆみ）
上智大学外国語学部卒業，外資系企業などで30代半ばまで勤務したのち，上智大学大学院で国際関係論の博士号を取得した。大学で教え始めると同時に，コンサルティング業で起業。ワーク・ライフ・バランスを実現しようと，仕事を続け，奮闘した。仕事を通して出会う喜びを学生にも知ってもらいたいと，恵泉女学園大学でキャリアデザインの授業を開発し，現在は常磐大学総合政策学部教授としてキャリア教育に携わっている。

自立へのキャリアデザイン［第2版］
地域で働く人になりたいみなさんへ

2017年9月30日　初　版第1刷発行
2021年9月30日　第2版第1刷発行

著　者　旦まゆみ
発行者　中西　良
発行所　株式会社ナカニシヤ出版
〒606-8161　京都市左京区一乗寺木ノ本町15番地
Telephone　075-723-0111
Facsimile　075-723-0095
Website　http://www.nakanishiya.co.jp/
Email　iihon-ippai@nakanishiya.co.jp
郵便振替　01030-0-13128

装幀＝白沢　正／印刷・製本＝ファインワークス
Copyright © 2021 by M. Dan
Printed in Japan.
ISBN978-4-7795-1598-9

3訂 大学 学びのことはじめ
初年次セミナーワークブック

佐藤智明・矢島　彰・山本明志 編
学生の間に身につけたいキャンパスライフ、スタディスキルズ、キャリアデザインの基礎リテラシーをカバー。ベストセラーテキストをスマートメディアを活用できるようリフレッシュ。 提出や再構成できる切り取りミシン目入り。ルビ入り。　1900円＋税

大学1年生のための日本語技法

長尾佳代子・村上昌孝 編
引用を使いこなし、論理的に書く。徹底した反復練習を通し、学生として身につけるべき日本語作文の基礎をみがく初年次科目テキスト。　1700円＋税

学生のための学び入門
ヒト・テクストとの対話からはじめよう

牧　恵子 著
「何かな？」という好奇心に導かれた「対話」から、新たな気づきは訪れます。その気づきを「書くこと」で、確かなものにしていきませんか。「インタビュー」「2冊を比較する読書レポート」など工夫を凝らした初年次テキスト。　1800円＋税

理工系学生のための大学入門
アカデミック・リテラシーを学ぼう！

金田　徹・長谷川裕一 編
理工系学生のための初年次教育用テキスト。大学生としてキャンパスライフをエンジョイする心得を身につけ、アカデミック・ライティングやテクニカル・ライティング、プレゼンテーションなどのリテラシーをみがこう！　1800円＋税

大学生と大学院生のための
レポート・論文の書き方［第2版］

吉田健正 著
文章の基本から論文の構成、引用の仕方まで懇切丁寧に指導する大学生・大学院生必携の書。第2版では，インターネット時代の情報検索にも対応。　1500円＋税

教養としての数学

堤　裕之 編／畔津憲司・岡谷良二 著
高校1年次までに学ぶ数学を大学生の視点で見直すと？　さまざまな計算技法、数学用語、数学記号を丁寧に解説。就職・資格試験の類題を含む豊富で多様な練習問題を通して学ぶ全大学生のための数学教科書。　2000円＋税

大学1年生からの
コミュニケーション入門

中野美香 著
充実した議論へと読者を誘う平易なテキストと豊富なグループワーク課題を通じ企業が採用選考時に最も重視している「コミュニケーション能力」を磨く。 キャリア教育に最適なコミュニケーションテキストの決定版。　1900円＋税

大学生からの
プレゼンテーション入門

中野美香 著
現代社会で欠かせないプレゼンテーション——本書では書き込みシートを使って、プレゼン能力とプレゼンをマネジメントする力をみがき段階的にスキルを発展。大学生のみならず高校生・社会人にも絶好の入門書！　1900円＋税

自己発見と大学生活
初年次教養教育のためのワークブック

松尾智晶 監修・著／中沢正江 著
アカデミックスキルの修得を意識しながら、「自分の方針」を表現し合い、問いかけ、楽しみつつ学ぶ機会を提供する初年次テキスト。　1500円＋税

コミュニケーション
実践トレーニング

杉原　桂・野呂幾久子・橋本ゆかり 著
信頼関係を築く、見方を変えてみる、多様な価値観を考える——ケアや対人援助などに活かせる基本トレーニング。　1900円＋税

大学生のためのデザイニング
キャリア

渡辺三枝子・五十嵐浩也・田中勝男・高野澤勝美 著
就活生も新入生も、本書のワークにチャレンジすれば、大学生活の宝を活かして、自分の未来がきっと開ける！　大学4年間に丁寧に寄り添うワークが導く、いつだって遅くない、自分の人生と向き合う思索のススメ。　2000円＋税

実践　日本語表現
短大生・大学1年生のためのハンドブック

松浦照子 編
聴く・書く・調べる・読む・発表するなどアカデミックスキルの基礎と就職活動への備えを一冊に。教育実践現場で磨かれた実践テキスト　2000円＋税

※表示価格は本体価格です。